Tessa Randau

Das Meer und ich

Wie ich mich selbst wiederfand

Mit Illustrationen
von Ruth Botzenhardt

dtv

Originalausgabe 2023
dtv Verlagsgesellschaft mbH & Co. KG, München
© Tessa Randau 2022
Dieses Werk wurde vermittelt durch die
Literarische Agentur Michael Gaeb
Das Werk ist urheberrechtlich geschützt.
Sämtliche, auch auszugsweise Verwertungen bleiben vorbehalten.
Umschlaggestaltung und Innenabbildungen:
Ruth Botzenhardt | buxdesign, München
Gesetzt aus der Sabon next
Satz: Gaby Michel, Hamburg
Druck und Bindung: CPI books GmbH, Leck
Printed in Germany · ISBN 978-3-423-35203-1

*Für Henk und Mara,
die besten Geschwister,
die man sich wünschen kann.*

DER WERTVOLLSTE SCHATZ,
DEN DU BESITZT,
BIST DU SELBST.

1. Tag
DIE BOTSCHAFT

Ich sah zu, wie eine kleine Welle über meine Füße rollte, sich weiter Richtung Strand ausbreitete und dann langsam wieder zurückzog. Schon seit einer ganzen Weile stand ich hier, beobachtete, wie meine nackten Zehen tiefer in den Sand sickerten, und versuchte, den Moment zu genießen. Leider gelang es mir nicht. In meinen Fingerkuppen spürte ich ein nervöses Kribbeln. »Nur mal kurz nachschauen«, raunte es zum wiederholten Male durch meinen Kopf. Drei Wellen später hielt ich es nicht mehr aus. Meine Hand wanderte zur Gesäßtasche meiner Jeans und fischte das Handy heraus, das ich dort vor meinem Spaziergang hineingesteckt hatte. Ich entsperrte das Display und sah – nichts. Keine Messengernachricht. Keine SMS. Keinen Anruf. Nichts.

Zarte Bindfäden fielen vom Himmel und tropften auf das Display. Ich steckte das Handy wieder zurück und hob den Blick. Der graue konturlose Himmel ging nahtlos in das Grau des Wassers über. Auch der nasse Sand wirkte trist und schmutzig. Die einzige Farbe, die dem Einheitsgrau Paroli bot, war das Weiß der Schaumkronen, die auf den heranrollenden Wellen saßen, meine Füße umspülten und weiter Richtung Land schwappten.

»Schade«, dachte ich. Als ich die Reise gebucht hatte, hatte ich mir alles ganz anders vorgestellt: strahlend blauen Himmel mit maximal ein paar harmlosen Wölkchen. Wärmende Sonnenstrahlen auf meiner Haut. Und ausgiebige Strandspaziergänge mit meiner Freundin Isa, die ich schon seit einer gefühlten Ewigkeit nicht mehr gesehen hatte. Doch vor drei Tagen hatte mein Handy geklingelt und eine sehr zerknirschte Isa war am anderen Ende der Leitung gewesen: »Es tut mir so leid, Süße, aber ich kann nicht mitkommen«, murmelte sie und ich konnte echtes Bedauern in ihrer Stimme hören. Doch schon im nächsten Satz war da wieder die Euphorie, die immer mitschwang, wenn Isa über ihre beruflichen Projekte sprach. »Stell dir vor, wir haben endlich das Geld für das Krankenhaus zusammen. Eine alte Dame hat uns ihr ganzes Vermögen vermacht und jetzt muss ich sofort nach Afrika fliegen, um alles für den Bau in die Wege zu leiten. Das Krankenhaus wird so dringend gebraucht. Bitte sei nicht böse.«

Die Absage ließ mich traurig zurück – zu sehr hatte ich mich auf das Treffen mit meiner besten Freundin gefreut. Ich hatte mir schon alles so schön ausgemalt: den Moment an der Fähre, an dem wir uns beide lachend in die Arme fallen würden, Spaziergänge morgens am Strand, bei denen wir stramm, mit roten Wangen am Meer entlangstapfen würden. Nachmittage, an denen wir Seite an Seite im Strandkorb sitzen und in unseren Büchern schmökern würden. Und dunkle Nächte, die wir nebeneinander in unseren Betten bis zum Morgengrauen durchquatschen würden. All das war durch den Anruf zu nichts verpufft.

Doch wie hätte ich Isa böse sein können? Seit wir unser BWL-Studium abgeschlossen hatten, widmete sie sich mit viel Leidenschaft verschiedenen Non-Profit-Organisationen. Zurzeit arbeitete sie für eine Stiftung, die Entwicklungshilfe in Afrika leistete. Ihr Leben war so ganz anders als meins: sie hatte keine Familie, war immer auf dem Sprung und versprühte eine unheimliche Energie und Lebensfreude.

Mein erster Impuls war, die Reise abzusagen. Was sollte ich zehn Tage lang alleine auf der Insel? Aber zum kostenlosen Stornieren war es zu spät. Jochen und die Kinder überredeten mich schließlich dazu, auch ohne Isa zu fahren. »Du hast dir doch früher so sehr gewünscht, einfach mal Zeit nur für dich zu haben«, sagte mein Mann verständnislos. »Entspanne dich und genieß es einfach!«

»Stimmt, Mama«, pflichtete Lara, meine 14-jährige Tochter, ihm bei. »Mach dir 'ne schöne Zeit. Wir kommen auch super alleine klar.«

Ich sah Lara an und fragte mich, wo nur das kleine Mädchen geblieben war, das sich noch vor wenigen Jahren bei jedem Abschied weinend an mein Bein geklammert hatte. Und obwohl mir bewusst war, dass ich mich eigentlich über Laras Worte freuen sollte, versetzten sie mir einen Stich. Niedergeschlagen schlurfte ich ins Schlafzimmer und packte meinen Koffer.

Der Regen hatte inzwischen zugenommen und prasselte nun in großen Tropfen auf mein Haar und meinen Mantel. »Passt doch«, dachte ich. Mehr alleine im Regen stehen, als ich es in diesem Augenblick tat, konnte man wohl kaum. Früher, als die Kinder noch klein gewesen waren, hatte ich auch verregnete Urlaubstage wie diesen geliebt. Wir hatten uns dann zu viert in das Doppelbett unserer Ferienwohnung gekuschelt, Jochen mit der Zeitung und ich mit einem Astrid-Lindgren-Buch auf dem Schoß, aus dem ich meinen beiden vorgelesen hatte. Später ließen wir uns, mit Gummistiefeln und gelben Regenmänteln bewaffnet, den Wind um die Ohren peitschen. Danach gabs Apfelpfannkuchen mit Zucker und Zimt, eine Partie Memory oder Lotti Karotti und heißen Kakao. Doch das war schon eine ganze Weile her. Manchmal kam es mir so vor, als sei es in einem anderen Leben gewesen. Heute, so ganz alleine auf der Insel, konnte ich dem schlechten Wetter nichts Positives abgewinnen. Im Gegenteil. Es fühlte sich so an, als sei die graue Farbe auch in mein Inneres vorgedrungen. »Warum zieht mich der Regen heute so runter?«, fragte ich mich, obwohl ich die Antwort eigentlich schon kannte. Es war nicht das Wetter, das meine Stimmung trübte. Es wirkte nur als Verstärker. Denn das Grau in mir war schon länger da. Seit geraumer Zeit breitete es sich aus. Verschluckte die bunten Farben und machte mich traurig, müde und antriebslos.

Ich wandte mich vom Meer ab und lief zu meinen pinkfarbenen Turnschuhen, die einsam und verlassen im Regen standen. Der Strand war fast menschenleer. Nur ganz weit hinten sah ich drei Walker dicht hintereinanderlaufen, die mich mit ihren Stöcken an eine überdimensionale Ameise erinnerten. Ich bückte mich, hob die Schuhe auf und überlegte kurz, ob ich sie anziehen sollte.

Aber nicht nur die Schuhe, sondern auch die Socken, die ich in ihren Schaft gesteckt hatte, waren klamm. Ich beschloss, sie erst später anzuziehen, oben an der Promenade auf einer Bank, wo ich vorher noch meine Füße entsanden konnte. Jetzt wollte ich lieber noch ein bisschen unten am Strand entlanglaufen.

Was meine drei zu Hause wohl gerade machten? Jonas, mein 17-jähriger Sohn, hatte heute ein Auswärtsspiel und würde danach bestimmt mit seinen Jungs losziehen. Lara hatte sich wahrscheinlich mit dem Handy in ihrem Zimmer verschanzt, um in Ruhe mit ihren Freudinnen zu chatten. Und Jochen? Der saß entweder an seinem Laptop und arbeitete, werkelte im Garten rum oder frönte einem seiner diversen Hobbys.

Und was tat ich? Ich war auf einer wunderschönen Insel und hatte nichts Besseres zu tun, als mir Gedanken darüber zu machen, womit sich meine Familie wohl gerade beschäftigte, anstatt die Zeit hier zu genießen.

Das Geschrei der Möwen riss mich aus meinen Gedanken. Ein paar Meter weiter kreisten sie am Himmel. Eine von ihnen ging in den Sturzflug und versuchte, einen silbrig glitzernden Fisch im Wasser zu erhaschen. Ein, zwei Mal hackte sie mit dem Schnabel nach ihm, konnte seiner aber nicht habhaft werden. Unverrichteter Dinge erhob sie sich wieder in die Lüfte. Das Glitzern im Wasser blieb. »War es etwa doch kein Fisch?«, fragte ich mich. Ich sah genauer hin, konnte aber nicht erkennen, was dort schwamm. Vielleicht Müll, den irgendein Ausflügler am Strand liegen gelassen und den die Flut mit sich genommen hatte oder der von irgendwoher angespült worden war. Ich seufzte. Warum nur gab es so viele Menschen, die sich offenbar gerne in der Natur aufhielten, es aber nicht für nötig erachteten, sie wieder sauber zu hinterlassen? Ich stellte meine Schuhe ab und bückte mich, um meine Hosenbeine noch etwas höher zu krempeln. Dann watete ich durch das seichte Wasser, um den Müll zu bergen. Als ich näher kam, erkannte ich, dass es sich um eine kleine Flasche handelte, die auf den Wellen hin und her schaukelte. Schon während ich nach ihr griff, konnte ich sehen, dass sich in ihrem Bauch ein Zettel befand. Eine Flaschenpost?

Als Kind hatte ich immer davon geträumt, eine zu finden, und jedes Mal, wenn wir Urlaub am Meer machten, danach Ausschau gehalten. Ich malte mir aus, dass eine Schatzkarte darin steckte, die mein Leben in ein großes Abenteuer verwandeln würde. Natürlich passierte nie etwas Derartiges. Umso überraschter war ich, dass ich nun tatsächlich eine Flaschenpost in den Händen hielt. »Bestimmt haben Kinder sie ins Meer geworfen«, dachte ich, während ich mit der Flasche in der Hand wieder aus dem Wasser watete. Trotzdem war ich aufgeregt und spürte, dass mein Herz ein bisschen schneller schlug. Ich musste über mich selbst schmunzeln. Waren da wieder die Gefühle des kleinen Mädchens, das von aufregenden Abenteuern träumte? Zurück bei meinen Schuhen, klemmte ich die Flasche kurz zwischen meine Beine, um meine Hände an der Jeans trocken zu reiben. Dann nahm ich die Flasche wieder in die Hand und versuchte, den Korken, mit dem sie verschlossen war, herauszudrehen. Er saß ziemlich fest und es kostete einige Mühe, doch schließlich machte es »plopp« und ich hielt ihn in der Hand. Ich kippte die Flasche nach unten. Elegant glitt das eingerollte Papier heraus. Ich legte Flasche und Korken auf den Boden und rollte den Zettel auseinander.

Überrascht stellte ich fest, dass offensichtlich kein Kind etwas darauf geschrieben hatte. Dies war eindeutig die Handschrift eines Erwachsenen. Schöne, geschwungene Lettern, offenbar mit Tinte geschrieben, die an einigen Stellen nass geworden und zerlaufen war. Mit etwas Mühe konnte ich die Botschaft entziffern.

So lange habe ich nach dir gesucht, um dich schließlich dort zu finden, wo ich es nie vermutet hätte. Ich danke dir, dass du mich seitdem begleitest, liebes Glück!

Ich schluckte. Die Worte berührten etwas in mir. Wer mochte sie geschrieben haben? Und warum? Da war kein Name und auch kein Datum, das verriet, wann die Botschaft verfasst worden war. Das Einzige, was dem Brief eine persönliche Note gab, war eine kleine Tuschezeichnung rechts oben in der Ecke. Sie zeigte einen Zweig mit langen schmalen Blättern und vielen kleinen Beeren daran. Ein dicker Regentropfen platschte auf die Zeichnung und ließ die Tinte verrinnen. Schnell rollte ich das Papier wieder zusammen, stecke es zurück in die Flasche und schob den Korken hinein.

Was die Worte wohl zu bedeuten hatten? Unschlüssig sah ich die Flasche an. Was sollte nun mit ihr geschehen? Auch wenn ich nicht wusste, an wen die Botschaft gerichtet war, für mich war sie jedenfalls nicht bestimmt. Deshalb beschloss ich, die Flaschenpost zurück ins Meer zu werfen. Ich ging Richtung Wasser und holte aus. Doch kurz vorm Loslassen hielt ich inne und ließ den Arm wieder sinken. Aus irgendeinem Grund war es mir unmöglich, die Flasche wegzuwerfen. »Ich nehm sie erst einmal mit«, beschloss ich. Dann ging ich zu meinen nassen Schuhen und hob sie auf. »Zeit, endlich ins Trockene zu kommen«, dachte ich.

2. Tag
EINE ENTDECKUNG

Obwohl mein Schlaf traumlos gewesen war, fühlte ich mich völlig zerschlagen, als ich die Augen öffnete. Die Matratze war deutlich härter als meine zu Hause und so hatte ich mich die halbe Nacht unruhig hin und her gewälzt. Zum Glück hatte ich wenigstens mein Kopfkissen mitgenommen. Vor ein paar Jahren hatte ich festgestellt, dass ich auf fremden Kissen nicht mehr schlafen konnte, und seitdem begleitete mich mein ergonomisches Kopfkissen auf all meinen Reisen.

Ich blinzelte und überlegte, wie spät es wohl sein mochte. Durch den runtergelassenen Rollladen drang nur spärliches Licht. Ein Blick auf meine Armbanduhr ließ mich aufstöhnen. »Erst sechs.« Früher, als ich noch keine Kinder hatte, war ich eine echte Langschläferin gewesen. Es hatte Zeiten gegeben, in denen es mir schwergefallen war, morgens um elf Uhr zu einer Vorlesung zu erscheinen, weil ich entweder am Abend zuvor mit Isa auf einer Studentenparty versackt war oder bis drei Uhr nachts am Schreibtisch gebüffelt hatte. Doch in den letzten Jahren hatte ich das Ausschlafen offenbar verlernt. »Senile Bettflucht«, hatte meine Oma dieses Altersphänomen immer genannt.

Ich stand auf, zog das Rollo hoch und war überrascht, nicht nur Grau, sondern auch Blau zu sehen. Zwar war der Himmel immer noch bedeckt, aber es gab ein paar vereinzelte blaue Lücken. Ich beschloss, schnell zu duschen und schon vor dem Frühstück eine kleine Runde am Strand zu drehen. »Vielleicht pustet der Wind die übrigen Wolken auch noch weg«, dachte ich und spürte einen kleinen Hoffnungsschimmer in mir aufsteigen. Die Vorstellung, gleich am Meer spazieren zu gehen und dabei warme Sonnenstrahlen auf meinem Gesicht zu spüren, tat gut.

Auf dem Weg ins Bad streifte mein Blick die Flaschenpost, die ich gestern auf dem kleinen runden Holztisch neben dem gemütlichen großen Korbsessel abgestellt hatte. Die hatte ich völlig vergessen. Ich ging hin und nahm sie hoch, löste den Korken. Doch dann zögerte ich. Die Botschaft war nicht für mich bestimmt. Sie ging mich nichts an. Ich stellte die Flasche wieder zurück und betrat das Bad. Dort drehte ich den Wasserhahn auf und trank einen großen Schluck. Als ich mich wieder aufrichtete, war ich für den Bruchteil einer Sekunde irritiert. Das Gesicht, das mir entgegenblickte, sah so anders aus als jenes, das ich erwartet hatte. Es war bleich, hatte dunkle Schatten unter den Augen und sah müde aus. Aber das war es nicht, was es mir fremd erscheinen ließ. Es waren die vielen kleinen Nuancen, die einfach nicht zu dem Bild passten, das mein geistiges Auge von mir abgespeichert hatte. Ich beugte mich vor, um mich genauer zu betrachten: Die kleinen Fältchen unter meinen Augen, die inzwischen so tief waren, dass sie sich nicht mehr im Laufe des Tages wie durch Zauberhand wieder glätteten. Die zarte Einkerbung über meiner Nasenwurzel, die darauf hindeutete, dass ich häufig die Augenbrauen zusammenzog und meinem Gesicht eine ungewohnte Strenge verlieh. Die zwei leichten Furchen, die meinen Mund umrahmten. Die drei dünnen Querfalten auf meinem Hals. Und die grauen Härchen, die sich seit einigen Jahren vor allem im Schläfenbereich zwischen mein braunes Haar setzten und dafür sorgten, dass ich es alle vier Wochen färben musste.

Frustriert wandte ich mich ab, ging zur Dusche und drehte das Wasser voll auf.

*

Etwa dreißig Minuten später lief ich, wieder barfuß, mit meinen Schuhen in der Hand, am Strand entlang. Tatsächlich hatte es der Wind geschafft, noch größere Lücken in die Wolkenschicht zu reißen, die der Sonne immer mal wieder die Möglichkeit boten, ihre Strahlen auf die Erde zu werfen. Trotzdem fror ich und knöpfte meinen leichten Sommermantel bis oben hin zu. Drei Möwen segelten über meinen Kopf hinweg, riefen sich etwas zu und drehten dann Richtung Meer ab. Der Strand war auch heute fast menschenleer. Vermutlich, weil gerade keine Ferien waren und die meisten ihrer geregelten Arbeit nachgingen.

Mein Magen knurrte. Das Abendessen war zwar sehr lecker, aber auch sehr überschaubar gewesen: eine kleine Portion Rote-Bete-Carpaccio mit gerösteten Walnusskernen und Feta. Hoffentlich würde mich das Frühstück gleich satter machen.

Ich blieb stehen und zückte mein Handy. »Eine neue Nachricht«, kündigte das Display an. »Hey Süße, viel Spaß auf der Insel. Beim nächsten Mal rocken wir das gemeinsam!!!«, las ich, nachdem ich den Bildschirm entsperrt hatte. Dann hatte Isa noch einen Zwinker-Smiley, ein rotes Herz und drei Kuss-Smileys hinzugefügt. »Wie lieb, dass sie an mich gedacht hat«, freute ich mich. »Und das, obwohl sie vermutlich gerade tausend wichtigere Dinge im Kopf hat.«

Doch Isas Nachricht war alles. Nichts von den Kindern, nichts von Jochen und auch sonst absolut nichts. Es hatte Zeiten gegeben, da waren im Minutentakt Informationen eingetrudelt: »Liebe Fußballeltern, bitte an die gewaschenen Trikots am Samstag denken!«, »Hi, will Jonas heute mit Sebastian spielen? LG, Sonja«, »Schatz, denk noch an die Handwerkerrechnungen für die Steuererklärung!«, »Mami, hab den Bus verpasst, kannst du mich abholen?«. Doch schon seit Längerem blieb mein Handy die meiste Zeit stumm. Was ja eigentlich gut war, wenn ich bedachte, wie sehr mich diese Nachrichtenflut früher manchmal genervt hatte. Doch offenbar hatte sich mein Kopf noch nicht an die neue Stille gewöhnt. Ständig beschlich mich eine innere Unruhe, gepaart mit dem Gefühl, etwas Wichtiges zu verpassen, und ich erlag dem Drang, meine Nachrichten zu kontrollieren.

Um besser abschalten zu können, hatte ich das Telefon eigentlich auf dem Zimmer lassen wollen. Dann hatte ich es im letzten Moment doch eingesteckt, für den Fall, dass es zu Hause einen Notfall gäbe und ich erreichbar sein sollte. Purer Selbstbetrug, wie ich mir nun eingestehen musste. Denn selbst wenn es zu Hause irgendein Problem gäbe, würden Jochen und die Kinder es auch ohne mich lösen.

Gestern Abend hatte mir Lara einen kurzen Gutenachtgruß mit Kuss-Smiley geschickt. Und mit Jochen hatte ich ein paar Minuten telefoniert und den üblichen »Wie wars bei dir?«, »So wars bei mir«-Small Talk abgehalten. Von Jonas hatte ich seit meiner Abreise nichts gehört. Er schien mich, nach dem Motto »Aus den Augen, aus dem Sinn«, komplett vergessen zu haben.

»So ist das eben, wenn die Kinder flügge werden«, dachte ich und seufzte. Irgendwie war es absurd. Wie oft hatte ich mir früher Momente wie diesen herbeigesehnt. Mal alleine sein. Nur auf die eigenen Bedürfnisse achten. Keine Verantwortung tragen. In den ersten Lebensjahren meiner Kinder waren diese Momente rare Kostbarkeiten gewesen. Einmal auf der Toilette sitzen, ohne Kind auf dem Schoß. Fünf Minuten Duschen, ohne dass jemand »Mama« rief – wie sehr hatte ich das genossen. Ich musste an den Nachmittag denken, an dem zum ersten Mal beide Kinder auswärts bei Freunden gespielt hatten. Plötzlich hatte ich in meinem Wohnzimmer gestanden und alles war still gewesen. Auf eine fremde, fast unheimliche Art und Weise. Ich hatte die Augen geschlossen und mir überlegt, was ich mit der freien Zeit anfangen wollte. Und dann beschlossen, den Haushalt einfach links liegen zu lassen. Blauzumachen. Es hatte sich herrlich verwegen angefühlt, an einem ganz normalen Dienstagnachmittag auf dem Sofa zu sitzen, ein Buch zu lesen und dabei Mozartkugeln zu naschen. Ein-, zwei Mal schreckte ich mitten im Satz hoch und dachte »Du musst nach den Kindern gucken«, um dann lächelnd wieder in die Kissen zurückzusinken, weil mir einfiel, dass ich ganz alleine war. Inzwischen waren die Nachmittage ohne Kinder zum Alltag geworden. Selbst wenn sie zu Hause waren, hockten sie in ihren Zimmern und daddelten an technischen Geräten herum. Oder sie waren mit ihren Freunden unterwegs. Die Zeiten, in denen ich über Stofftiere und Lego-Klötze stolperte, wenn ich mit dem Wäschekorb auf dem Arm ihre Zimmer betrat, waren endgültig vorbei. Zurückgeblieben war ein Vakuum, das sich mit nichts wirklich füllen ließ. Die einstmals kostbare Lesezeit fühlte sich mehr und mehr schal an. Und auch bei dem Töpferkurs, zu dem mich meine Nachbarin Steffi mitgeschleift hatte, fühlte ich mich so fehl am Platze wie ein Sonnenhut bei Schneesturm. Deshalb hatte ich meine Arbeitszeit vor zwei Jahren von einer halben auf eine dreiviertel Stelle erhöht. Doch das Vakuum in meinem Inneren war geblieben. Ich war selbst überrascht, wie sehr mich diese neue Lebensphase herunterzog. Nie hätte ich gedacht, dass ich einmal zu den Frauen zählen würde, die nichts mehr mit sich anzufangen wussten, wenn ihre Kinder größer wurden. »Wie schön wäre es, wenn ich tage- oder zumindest stundenweise in meine Vergangenheit zurückreisen könnte«, dachte ich wehmütig.

»Schluss mit der Nostalgie!«, schalt ich mich dann. »Du bist auf einer wunderschönen Insel und hast jede Menge Zeit für dich. Was willst du mehr zu deinem Glück?«

Glück – plötzlich fiel mir die Botschaft der Flaschenpost wieder ein.

So lange habe ich nach dir gesucht, um dich schließlich dort zu finden, wo ich es nie vermutet hätte. Ich danke dir, dass du mich seitdem begleitest, liebes Glück!

Ich spürte, wie meine Augen feucht wurden. Die Worte lösten ein schmerzliches Ziehen in meiner Brust aus. Ein Gefühl, von dem ich selbst nicht hätte sagen können, was es genau war.

Während ich weiterlief, betrachtete ich die unzähligen Muscheln, die zum Teil nur noch aus Splittern bestanden und sich wie ein dunkler Teppich auf dem Sand ausbreiteten. Bei jedem Schritt piksten sie leicht unter meinen Fußsohlen. Plötzlich fiel mein Blick auf ein hübsches schwarzes Schneckenhaus, dessen nasse Oberfläche wie ein kostbarer Edelstein glänzte. Ich blieb stehen, bückte mich und hob es auf. Doch als ich es umdrehte, sah ich, dass die Unterseite kaputt war. »Schade«, dachte ich, im Begriff, es wieder fallen zu lassen. Dann überlegte ich es mir anders und steckte es in meine Hosentasche.

*

»Ihr Kaffee.« Meine Pensionswirtin platzierte ein schlankes Glas mit karamellfarbenem Inhalt und großer Milchhaube vor mir auf den Tisch. »Darf es sonst noch etwas sein?« Ihre grauen Augen zwinkerten freundlich hinter den dicken Brillengläsern. »Ein Spiegelei vielleicht oder ein Omelett?«

Mein Blick wanderte zum üppigen Büfett an der rechten Wand. »Nein, vielen Dank.«

»Wenn Sie noch einen Wunsch haben, dann rufen Sie einfach.« Sie trat an einen der Nachbartische, räumte das benutzte Geschirr ab und verschwand durch eine Tür. Ich blieb alleine in dem hellen Frühstücksraum zurück, der in den Farben Weiß und Blau gehalten war. Weiße Holzmöbel, blau-weiß gestreifte Sitzkissen, Fotografien von Meerlandschaften und Möwen an den Wänden. Auf den Tischen und der Fensterbank standen Gläser mit Dünengras. Durch das Fenster konnte man in einen gepflegten kleinen Garten sehen, über dem sich der weite Himmel ausbreitete, dessen weiß-blaue Farbe bestens zum Konzept des Frühstücksraums passte.

Ich stand auf und ging zum Büfett. Dort gab es alles, was das Herz begehrte: einladend angerichtete Platten mit Wurst, Käse und Fisch, verschiedene Cerealien, frischen Obstsalat, Gemüsesticks mit unterschiedlichen Dips, zwei Sorten Kuchen, Laugengebäck, Brötchen und Croissants. Wie gerne hätte ich mir ein Stück Kuchen und ein Croissant auf den Teller gelegt. Aber leider war ich mal wieder auf meinem Höchstgewicht. Die meisten meiner Hosen spannten an den Oberschenkeln und bei manchen ließ sich nur noch mit Mühe der oberste Knopf schließen.

Mein Plan: Kein Zucker, weniger Kohlenhydrate und weniger Fett, um auf der Insel ein paar Gramm abzunehmen. Zu Hause wollte ich dann so lange weitermachen, bis meine Waage endlich wieder mein Wunschgewicht anzeigen würde. Ich seufzte. Schon der Gedanke an die kommenden Tage und Wochen war mir ein Graus. Mit Isas Hilfe wäre alles so viel leichter gewesen. Seit ich sie kannte, aß sie extrem gesund, was ihr bewundernswerterweise gar nicht schwerzufallen schien, und war darüber hinaus eine echte Sportskanone. Ich selbst kam an keinem Stück Schokolade vorbei, von den Chips-Orgien abends auf dem Sofa ganz zu schweigen, und musste mich mühsam zu jeder Form von Bewegung aufraffen. Beim Treppensteigen schnaufte ich wie eine alte Frau und mein Kreuzbein verhakte sich regelmäßig und bescherte mir unangenehme Schmerzen, die bis in mein rechtes Knie runterzogen. Ich musste dringend etwas tun. Das stand fest.

Ich entschied mich für eine Schale Obstsalat und ein paar Gemüsesticks, allerdings ohne Dip. Gerade als ich mich vom Büfett abwenden wollte, fiel mein Blick auf eine Reihe hübscher Marmeladengläser. Neugierig beugte ich mich nach vorne. Mal sehen, was mir so entging. »Bio Himbeere« stand auf dem einen. »Erdbeer-Rhabarber« auf dem nächsten. »Stachelbeer-Cassis« auf dem dritten. Weil ich das Etikett einer gelben Marmelade nicht lesen konnte, stellte ich meine Schalen ab, nahm das Glas in die Hand und drehte es in meine Richtung. Überrascht hielt ich die Luft an. Ich konnte kaum glauben, was meine Augen sahen: einen Zweig mit langen dünnen Blättern und vielen kleinen Beeren. Exakt die gleiche Zeichnung wie auf der Flaschenpost. Auch die hübsche geschwungene Handschrift war dieselbe. »Inseltraum« stand auf dem Glas und darunter »Sanddorn-Vanille-Marmelade«. Ich spürte, dass mein Herz schneller schlug. Wer hatte das geschrieben?

Ich rief nach meiner Wirtin.

Einen kurzen Moment später betrat sie den Raum. »Ja, bitte?«, fragte sie, während sie auf mich zukam.

»Diese Marmelade hier«, ich hielt ihr das Glas entgegen, »wissen Sie zufällig, wer sie hergestellt hat?«

»Aber ja doch.« Ihre Augen zwinkerten freundlich und wurden von einem Lächeln begleitet. »Die ist von der Sanddorn-Lene.«

»Sanddorn-Lene? Wer ist das?«

»Eine Zugezogene. Wohnt seit ein paar Jahren bei uns auf der Insel. Bisschen abseits, draußen in den Dünen. Sie verkauft alles, was man so aus Sanddorn herstellen kann.«

»Kann man die Marmelade direkt bei ihr kaufen?«, erkundigte ich mich.

»Ja, sie hat ein Lädchen.«

»Können Sie mir die Adresse geben, ich würde gerne mal dorthin gehen.«

»Ich schreibe sie Ihnen auf.« Wieder verschwand die Wirtin durch die Tür.

»Ist es wirklich so einfach?«, fragte ich mich und stellte das Marmeladenglas zurück aufs Büfett. Hatte mir der

Zufall tatsächlich den Namen der Verfasserin der Flaschenpost offenbart?

»So«, sagte meine Wirtin, die kurz darauf wieder an meinem Tisch stand. Sie hatte eine der kleinen Karten mitgebracht, die am Empfangstresen für Gäste zum Mitnehmen auslagen. Sie zeichnete ein Kreuz an einer abgelegenen Stelle am Rande der Insel ein. »Hier finden Sie Lene.«

DAS HÄUSCHEN IN DEN DÜNEN

»Gleich müsste es kommen«, dachte ich, als ich zum x-ten Mal die Karte studierte, die mir meine Wirtin zuvor ausgehändigt hatte. Karten lesen zählt nicht zu meinen Stärken. Seit knapp einer Stunde war ich unterwegs. Zuerst war ich ein gutes Stück am Strand entlanggelaufen, dann hatte ich einen schmalen Pfad Richtung Deich eingeschlagen. Von dort aus war ich auf einen breiteren, befestigten Weg gelangt, der durch die Dünen führte und von hohem Gras gesäumt war. Die Landschaft war karg, aber trotzdem wunderschön, und immer mal wieder flitzten flinke Kaninchen ein paar Meter vor mir über den Weg und verschwanden zwischen den hohen Gräsern. Außer dem Leuchtturm, der in der Ferne in den wolkigen Himmel ragte, zuerst klein, dann immer größer, gab es keine Anzeichen von Zivilisation – vom asphaltierten Weg einmal abgesehen. Daher war ich verwundert, dass so weit draußen jemand wohnen sollte. Hatte ich nicht gelesen, dass die Dünen Naturschutzgebiet waren?

Meine Gedanken flatterten hin und her, waren mal bei Jochen und den Kindern, mal bei Isa, die jetzt irgendwo in Afrika saß und den Bau des neuen Krankenhauses plante. Doch am meisten dachte ich über die Flaschenpost und ihre Verfasserin nach. Ich griff in meine Manteltasche und tastete nach dem Zettel, den ich, bevor ich aufgebrochen war, aus der Flasche herausgenommen und eingesteckt hatte.

Gleich würde ich Sanddorn-Lene kennenlernen. Ich wusste selbst nicht so genau, was ich mir von der Begegnung erhoffte, aber seit ich die Botschaft gelesen hatte, war da so ein Gefühl, als ob irgendetwas zwischen mir und dieser Frau war. Eine Art unsichtbares Band, das uns miteinander verknüpfte.

Aber wo war nur das Haus? Gerade als ich daran zu zweifeln begann, ob ich tatsächlich auf dem richtigen Weg war, sah ich etwas Dunkles zwischen dem Dünengras hervorlugen. Beim Näherkommen entpuppte es sich als das Reetdach eines niedrigen weißen Häuschens, das geduckt zwischen den Dünen hockte. Als ich den schmalen, gepflasterten Pfad betrat, der zu dem Häuschen führte, schoss ein kleines, rotbraunes Knäuel um die Hausecke und kam zielstrebig auf mich zugeflitzt. Kurz bevor der wuschelige Hund mich erreichte, verlangsamte er sein Tempo. Er umkreiste mich behutsam schnuppernd, dann setzte er sich vor mir auf den Boden und betrachtete mich neugierig mit seinen schwarzen Knopfaugen.

»Na, wer bist du denn?«, fragte ich und ging in die Hocke. Der Hund sah aus wie ein niedliches Stofftier und erinnerte mich sofort an »Bärli«, meinen Kuschelteddy aus Kindertagen, der mich viele Jahre lang überallhin begleitet hatte.

»Chili, wo steckst du?«, hörte ich eine Stimme, die von

irgendwo hinter dem Haus herzukommen schien. Kurz darauf bog eine Frau um die Ecke, hinter der eben auch der kleine Hund zum Vorschein gekommen war.

»Oh, wir haben ja Besuch.« Auf ihrem Gesicht breitete sich ein einladendes Lächeln aus. Sie war etwa Mitte fünfzig, relativ füllig und trug ein wallendes hellblaues Kleid mit Blumenornamenten. Ihr Haar war kastanienrot gefärbt und fiel ihr bis auf die Schultern. Der kleine Hund sprang auf und lief zu ihr.

Ich spürte, wie sich ein Schleier der Enttäuschung über mich legte. Irgendwie hatte ich mir die Verfasserin der Botschaft anders vorgestellt. Ich konnte nicht genau sagen wie, aber diese Frau entsprach überhaupt nicht dem, was ich erwartet hatte. Ich schluckte meine Enttäuschung hinunter und rang mir ebenfalls ein Lächeln ab. »Guten Tag. Ich habe gehört, dass man bei Ihnen leckere Sanddornprodukte kaufen kann. Ist das richtig?«

»Jein.« Lachend blieb sie vor mir stehen. »Bei mir gibt es viele Sanddornprodukte, das stimmt schon. Aber ob sie lecker sind, können nur Sie selbst entscheiden.« Sie wandte sich um. »Kommen Sie doch einfach mal mit, dann zeige ich Ihnen alles.« Sie steuerte auf die Hausecke zu, hinter der sie und der kleine Hund eben hervorgekommen waren. Chili trabte neben ihr her. Hinter dem Haus gelangten wir in einen großen Garten mit vielen hohen Sträuchern. An diesen hingen unzählige Dolden voller gelber Beeren. Im Garten befand sich ein kleines

Holzhäuschen, auf das die Frau nun zuging. Sie öffnete die Tür und trat zur Seite. »Voilà, mein kleines Sanddornreich«, sagte sie und machte eine einladende Geste. »Hereinspaziert.«

3. Tag
AUF DER SUCHE

Tief Luft holen. Einatmen … und langsam wieder ausatmen. Meine Augen waren geschlossen und ich versuchte, mich auf meine Atmung und auf alles, was ich fühlen konnte, zu konzentrieren. Die Sonne, die auf mein Gesicht schien und die Haut angenehm wärmte. Den sanften Wind, der über die feinen Härchen auf meinen nackten Oberarmen strich. Das frische Wasser, das meine Füße umspülte und heute deutlich wärmer war als an den letzten beiden Tagen.

Meine Gedanken schweiften ab und ich überlegte, was ich heute tun sollte. Statt die Zeit sinnvoll zu nutzen, schlug ich sie überwiegend mit sinnlosen Dingen tot. Ständig ertappte ich mich wieder dabei, wie ich aufs Handy guckte, um zu sehen, ob sich jemand gemeldet hatte. Auch an meinen Büchern fand ich keine richtige Freude. Ich hatte schon drei angefangen und nach wenigen Seiten wieder weggelegt. Ich surfte im Internet, las Überschriften und Vorspänne von Nachrichtenseiten, blieb aber kaum irgendwo länger hängen. Da war eine Unruhe in mir, fast eine Form von Nervosität, die ich mir nicht wirklich erklären konnte. Gleichzeitig fühlte ich mich müde. Antriebslos. Hatte auf nichts richtig Lust.

Auch zu dem Spaziergang hatte ich mich mühsam aufraffen müssen.

Ein lautes Platschen ließ mich erschreckt die Augen aufreißen. Ich sah ein kleines, braunes Knäuel neben mir durchs Wasser toben.

»Nicht, Chili! Komm her!« Ich wandte mich um und sah eine Frau auf mich zukommen. Sie hatte ihr kastanienrotes Haar zu einem modernen Zauseldutt zusammengesteckt und trug ein weites Kleid, das ihr bis zu den nackten Knöcheln reichte. Es war pink mit weißen Batikblumen und passte erstaunlich gut zu ihrem roten Haar. In der rechten Hand trug sie weiße Sandalen.

»Tut mir leid.« Sie lächelte entschuldigend. »Ich hoffe, mein Hund hat Sie nicht zu sehr nass gemacht.« Erst jetzt schien sie mich wiederzuerkennen. »Ach, hallo, Sie sind das«, sagte sie, als sie direkt vor mir stand.

»Alles gut«, beschwichtigte ich. »Heute ist es ja endlich einmal warm. Da können ein paar Wassertropfen nicht schaden.«

»Ja«, sie strahlte. »Es ist herrlich. Wobei, ich liebe den Strand bei jedem Wetter.«

Ich lächelte zurück. Dann trafen sich unsere Blicke. Plötzlich hatte ich das Gefühl, etwas zu sehen. Etwas, wonach ich schon lange gesucht hatte, das ich in diesem Moment aber nicht benennen konnte.

»Ja, stimmt«, pflichtete ich ihr bei, um einfach irgendwas zu sagen. »Am Meer gibt es kein schlechtes Wetter.«

Gestern im Laden hatte ich nicht gewusst, wie ich das Gespräch auf die Flaschenpost lenken sollte. Also hatte ich nur ein paar unverbindliche Worte mit Lene gewechselt, ein Glas Marmelade, ein Stück Seife und eine Tüte Bonbons gekauft und war wieder von dannen gezogen. Auf dem Heimweg beschloss ich, das Thema Flaschenpost auf sich beruhen zu lassen und das Fundstück wieder ins Meer zu werfen. Doch noch steckte die Botschaft in meiner rechten Manteltasche.

Chili kam aus dem Wasser, schüttelte sich einmal kräftig, dass die Wassertropfen nur so flogen, und lief dann schwanzwedelnd auf sein Frauchen zu. »Na, du Racker«, sagte Lene zu dem kleinen Hund und dann wieder zu mir gewandt: »Und, hat Ihnen die Marmelade geschmeckt?«

»Ich habe sie noch nicht probiert«, gestand ich. »Ich wollte sie meiner Familie mitbringen.«

»Wie schön«, sagte sie erfreut. »Ich bin übrigens Lene.« Sie strecke mir ihre Hand entgegen.

Ich ergriff sie und stellte mich ebenfalls vor.

»Wollen wir du sagen?«, schlug Lene vor.

»Gerne«, stimmte ich lächelnd zu.

»Wie lange bist du schon hier auf der Insel?«, erkundigte sie sich.

»Heute ist mein dritter Tag.«

Da Lene keine weiteren Fragen stellte, nutzte ich die Gelegenheit. »Wie kommt es, dass du so weit abseits wohnst. Sind die Dünen nicht Naturschutzgebiet?«

»Ja, das stimmt.« Lene nickte. »Mein Haus wurde vor vielen Jahren als Vogelbeobachtungsstation gebaut. Ein Ornithologieprofessor und seine Frau wohnten dort, die zwei Zimmer an Studierende vermieteten. Man konnte es nur unter der Auflage kaufen, dort weiterhin Studenten und Studentinnen zu beherbergen. Das hat die meisten abgeschreckt. Für mich aber war es perfekt. Ich finde es wunderbar, immer wieder interessante, junge Menschen kennenzulernen und nebenbei noch was über die hiesigen Vögel zu erfahren.«

Der kleine Hund, der neben seinem Frauchen im Sand saß, stieß ein paar fiepende Laute aus.

»Oh, da möchte jemand weiter. Hast du nicht Lust, ein paar Meter mit uns zu gehen?« Lenes grüne Augen sahen mich freundlich an.

»Ja, sehr gerne«, erwiderte ich, ohne länger zu überlegen, und spürte, dass ich mich über die Einladung aufrichtig freute. »Augenblick, ich muss noch schnell meine Schuhe holen.«

»Verrückter Zufall«, dachte ich, als ich auf meine Sneakers zusteuerte, die ich so abgestellt hatte, dass die Wellen sie nicht nass machten. Vielleicht bot sich ja nun doch noch die Gelegenheit, mehr über die Flaschenpost zu erfahren. Ich ging zu Lene zurück und wir liefen los. Chili sprang fröhlich kläffend ein paar Meter voraus.

»Warst du schon mal hier auf der Insel?«, erkundigte Lene sich.

»Ja, vor ein paar Jahren, zusammen mit meiner Familie, als meine Kinder noch klein waren. Diesmal wollte ich eigentlich mit einer Freundin kommen …« Ich hielt kurz inne und seufzte. »Aber leider ist ihr ein wichtiger beruflicher Termin dazwischengekommen.«

»Oh, das ist schade«, erwiderte Lene mitfühlend. »Das war sicherlich sehr enttäuschend.«

»Ja. Aber ich versuche jetzt, das Beste daraus zu machen.«

»Chili!« Lene blieb stehen, bildete einen Ring mit Daumen und Zeigefinger, steckte beide in den Mund und ließ einen lauten Pfiff ertönen. »Lass die Möwen. Du kriegst sie ja doch nicht.« Sie lachte.

Der kleine Hund, der im Wasser ein paar badende Möwen aufgeschreckt hatte, kam mit fliegenden Ohren angeschossen.

»Wie alt ist er denn?«, fragte ich.

»Sie«, erwiderte Lene. »Wir sind eine Frauen-WG. Sie ist erst ein Jahr alt und eine der besten Entscheidungen meines Lebens.« Sie ging in die Hocke, streichelte dem kleinen Hund über den Kopf und gab ihm ein Leckerli. Dann richtete sie sich wieder auf und sah mich an.

»Darf ich dich etwas fragen? Etwas Persönliches?«

Ich war überrascht und zögerte kurz. Was wollte diese fremde Frau von mir wissen? Doch dann nickte ich.

»Ich hoffe, du hältst mich jetzt nicht für übergriffig. Aber seit ich dich zum ersten Mal gesehen habe, spüre ich eine Traurigkeit, die von dir ausgeht. Und ich frage mich, ob du vielleicht darüber reden möchtest?«

Ich schluckte. Ein Teil von mir wollte sofort auf dem Absatz kehrtmachen und weglaufen. Doch gleichzeitig war da ein Widerstand. Ich musste an die Botschaft in meiner Manteltasche denken. Binnen Sekunden fasste ich den Entschluss, offen über alles zu sprechen. Denn obwohl ich Lene nicht kannte, hatte ich das Gefühl, ihr vertrauen zu können.

»Ach, mir gehts im Moment nicht besonders gut«, sagte ich tief durchatmend. Es war schmerzvoll, die Wahrheit zum ersten Mal laut auszusprechen. »Und ich weiß selbst nicht genau, warum.« Ich spürte, dass ich leicht zu zittern begann.

»Wollen wir uns setzen?« Lene deutete Richtung Dünen. Kurz darauf saßen wir im Sand, das hohe Dünengras im Rücken, und blickten aufs Meer hinaus. Chili legte sich zwischen uns, schloss die Augen und begann zu dösen.

»Was ist passiert?«, griff Lene unser Gespräch wieder auf.

»Eigentlich gar nichts, das ist ja das Verrückte.«

Lene schwieg, doch ihr aufmerksamer Blick, der inzwischen auf mir ruhte, veranlasste mich weiterzusprechen. »Ach, weißt du, das könnte jetzt die Zeit sein, nach der ich mich früher, als die Kinder noch klein waren, oft gesehnt habe. Die Zeit, in der es mal wieder mehr um mich und meine Interessen geht. Doch anstatt den neuen Lebensabschnitt zu genießen, fühle ich mich so leer.«

»Was ist denn heute anders als früher?«

»Als meine Kinder noch klein waren, war ich rund um die Uhr beschäftig. Das war sehr anstrengend, aber auch sehr schön. Ich bin in meiner Mutterrolle richtig aufgegangen. Klar habe ich auch das ein oder andere für mich gemacht, soweit der Alltag es zuließ, aber das war natürlich nicht viel. Jetzt sind die Kinder 14 und 17 und brauchen mich kaum noch.«

Ich betrachtete die Holzbuhnen, die in gerader Linie ins Wasser führten. Fünf Möwen saßen darauf und schienen auf irgendetwas zu warten.

»Wie sieht es denn mit deinem Job aus?«, wollte Lene wissen.

»Ach, der ist okay. Ich arbeite seit zwei Jahren wieder 70 Prozent. Und dann ist da ja noch der Haushalt. Ich habe auch jetzt genug zu tun, aber ich empfinde dabei kaum Freude. Oft schleppe ich mich nur so durch den

Tag …« Ich betrachtete die Wellen, die schwungvoll heranrollten, dann immer flacher wurden und, während sie sich wieder zurückzogen, im Sand versickerten.

Ich merkte, dass meine Hände wieder leicht zitterten. Chili öffnete die Augen, hob den Kopf und sah mich fragend an. Ich kraulte sie hinter den Ohren. Ihr Fell war samtweich und es tat gut, die Wärme zu spüren, die von dem kleinen Körper ausging. »Manchmal frage ich mich: Was habe ich schon in meinem Leben hinbekommen? Ich habe keine Karriere gemacht, besitze keine besonderen Talente, werde von niemandem mehr richtig gebraucht. Außerdem bin ich Mitte vierzig, werde von Tag zu Tag unattraktiver und habe mal wieder mein Höchstgewicht …« Ich griff in meine Manteltasche, um ein Taschentuch hervorzuholen, dabei streifte ich die Botschaft. Ich spürte ein Kribbeln in meinen Fingerkuppen. »Es gibt Tage, da kann ich mich selbst nicht richtig leiden und fühle mich wie eine Versagerin«, murmelte ich leise und schnäuzte meine Nase. »Und gleichzeitig schäme ich mich dafür, dass ich mein Leben nicht besser auf die Reihe bekomme, denn verglichen mit vielen anderen Menschen sind das ja alles nur Luxusprobleme.«

Lene wandte den Blick vom Meer ab und sah mich an. Ihre hellgrünen Augen wirkten warm, trotz der ungewöhnlichen Farbe. »Wenn du willst, helfe ich dir auf deiner Suche?«

»Meiner Suche?«, fragte ich überrascht.

»Nach Antworten. Danach, was du verändern kannst, um wieder glücklich zu sein.«

Ich hörte das Rauschen des Meeres, spürte die feinen Sandkörnchen unter meinen Händen, sah die Wellen heranrollen. Alles war real, und dennoch wirkte die Situation gerade unecht, fast wie ein Traum. Diese fremde Frau, deren Botschaft ich gefunden hatte und die nun neben mir saß und mir genau das anbot, wonach ich mich sehnte: Eine Hand, nach der ich greifen konnte, um aus dem schwarzen Loch herauszukommen, in dem ich saß.

»Danke«, sagte ich leise. »Ich glaube, das würde ich sehr gerne annehmen. Aber ich weiß gar nicht, wo wir anfangen sollen.«

Lene blickte wieder aufs Meer. »Mhm«, brummte sie nachdenklich und ihre Stirn legte sich in Falten. Dann glättete sie sich und um Lenes Augen erschienen viele zarte Linien, die mich an Sonnenstrahlen erinnerten. »Ich glaube, ich hätte da eine Idee. Wenn man etwas im Leben verändern will, dann ist es wichtig, erst einmal das Alte loszulassen. Gefühle und Verletzungen, die du in dir trägst und die dich überallhin begleiten. Denn solange du das nicht tust, ist deine Vergangenheit wie ein dickes Tau, das dich festhält und auf der Stelle treten lässt. Nur wenn du es durchtrennst, kannst du nach vorne gehen.«

»Aber wie soll ich das hinbekommen?«, hakte ich nach.

»Schreib alles auf, was dich gerade beschäftigt. Und

alles, was dich in deinem Leben verletzt und traurig gemacht hat. Lass dir dabei Zeit. Fühle ganz bewusst in den Schmerz hinein. Und wenn du fertig bist, treffen wir uns wieder.«

*

Auf dem Weg zurück in die Pension ließ ich mir Lenes Vorschlag noch einmal durch den Kopf gehen. Als Teenagerin hatte ich eine Zeit lang Tagebuch geführt. Vor allem, wenn ich mir Sorgen von der Seele schreiben wollte. Damals hatte das wirklich gutgetan. Nach dem Abi war ich mit meiner damals besten Freundin Nina drei Monate lang per Interrail quer durch Europa getourt. Danach hatte ich mein Studium begonnen, in Cafés und Bars gejobbt und das Tagebuchschreiben irgendwie vergessen. Vielleicht war jetzt wirklich der richtige Zeitpunkt, es noch einmal zu versuchen.

Eine Stunde später saß ich an dem kleinen runden Tisch in meinem Zimmer und starrte auf ein weißes Blatt. Wo sollte ich anfangen? Ich schrieb drei Sätze, las sie durch, zerknüllte das Papier und warf es in den Mülleimer zu meinen Füßen. »Noch mal von vorne!«, versuchte ich mich zu motivieren. Aber auch diesmal kam ich nicht über ein paar Zeilen hinaus. Ich stand auf, nahm die angebrochene Flasche Wasser, die auf meinem Nachttisch stand, füllte mein Glas und trank ein paar

Schlucke. Dann setzte ich mich wieder hin und schrieb ein paar Zeilen, las sie, strich sie erneut durch. Ich schloss die Augen. »Es tut mir so leid«, hörte ich schließlich eine vertraute Stimme sagen. Dann sah ich Jochen vor meinem geistigen Auge, der mit gesenkten Lidern vor mir stand. »Wirklich, es war nur dieses eine Mal«, hatte er immer wieder beteuert. Ein Mal, das so viel kaputtgemacht hatte. Ich spürte wieder den brennenden Schmerz, der mich in diesem Moment überrollt hatte. Das Gefühl, nicht mehr schön genug, nicht mehr gut genug, nichts mehr wert zu sein.

Wie Wetterleuchten flackerten nun weitere Erinnerungen in meinem Gedächtnis auf. Momente, in denen ich mich dumm, hässlich, unzulänglich und nicht liebenswert gefühlt hatte. Ich spürte wieder die Übelkeit, die mich überkommen hatte, als mein Chef verkündete, dass meine Kollegin die Beförderung erhalten sollte, auf die ich schon lange heimlich gehofft hatte. Ich spürte den Selbsthass, den ich empfunden hatte, als ich in unserer kleinen Speisekammer stand und heimlich Schokocreme löffelnd meine drei Wochen lange Diät zunichtemachte. Ich spürte die Leere, die meinen Kopf beherrschte, als ich mich in der mündlichen Abiprüfung an keine einzige Geschichtszahl mehr erinnern konnte und mit schweißnassen Achseln und trockenem Mund vor dem Lehrergremium stand. »Seht mal, das ist ja die Trummel«, hörte ich jemanden rufen. Ich sah einen etwa 14 Jahre alten

Jungen, der mit dem Finger auf mich zeigte und das peinlich berührte Gesicht meines älteren Bruders. »Trummel«, so hatten mich seine Freunde immer genannt, wenn sie mich auf dem Pausenhof entdeckten, und mich dann ausgelacht. Ich wusste nicht, was mich mehr schmerzte. Der Spott der beiden Jungs oder die Scham meines großen Bruders.

Ich öffnete die Augen und setzte den Stift aufs Blatt. Wie aus dem Nichts brach alles aus mir heraus. All die Verletzungen, all der Schmerz. Ich schrieb, während Tränen meine Wangen hinabrollten. Mein Stift flog über das Blatt, ohne Punkt und Komma zu setzen. Lange saß ich so da. Bannte alle meine Erinnerungen auf Papier. Seiten füllten sich, ohne dass ich wirklich wahrnahm, was ich tat.

Irgendwann war alle Kraft aus mir gewichen. Ich legte den Stift ab, lehnte mich zurück und betrachtete die vielen, eng beschriebenen Zettel, die vor mir auf dem Tisch langen. Dann stand ich auf, ging ins Bad und wusch mein tränenverschmiertes Gesicht mit kaltem Wasser ab.

LOSLASSEN

Eine Stunde später stand ich vor Lenes Häuschen. Es war schon dämmrig und ich fragte mich, ob es okay war, dass ich hier um diese Zeit noch aufkreuzte. Kurz war ich versucht, wieder umzukehren, doch dann atmete ich tief durch, hob den Eisenring, der an der massiven Holztür hing und klopfte zaghaft dagegen. Eine Klingel hatte ich nicht gefunden. Kurz darauf hörte ich Schritte. Dann öffnete sich die Tür und sofort kam Chili herausgeschossen, um mich freudig zu beschnuppern.

»Hast du es geschafft?«, begrüßte mich Lene mit einem freundlichen Lächeln, das ihre hübschen weißen Zähne zum Vorschein brachte. Es schien so, als ob sie mich bereits erwartet hatte. »Einen Moment, ich bin gleich wieder da.« Sie verschwand im Inneren des Hauses. Ich ging in die Hocke und streichelte Chili, die sich auf den Boden gesetzt hatte und freudig mit dem Schwanz klopfte. Kurz darauf kam Lene zurück. Sie hatte sich eine große braune Ledertasche über die rechte Schulter gehängt. »Komm«, sagte sie und zog die Haustür hinter sich zu, »wir gehen zum Strand.«

»Wie geht es dir?«, fragte sie, nachdem wir ein paar Meter schweigend nebeneinander hergelaufen waren.

»Ganz gut«, erwiderte ich und spürte überrascht, dass es tatsächlich der Wahrheit entsprach.

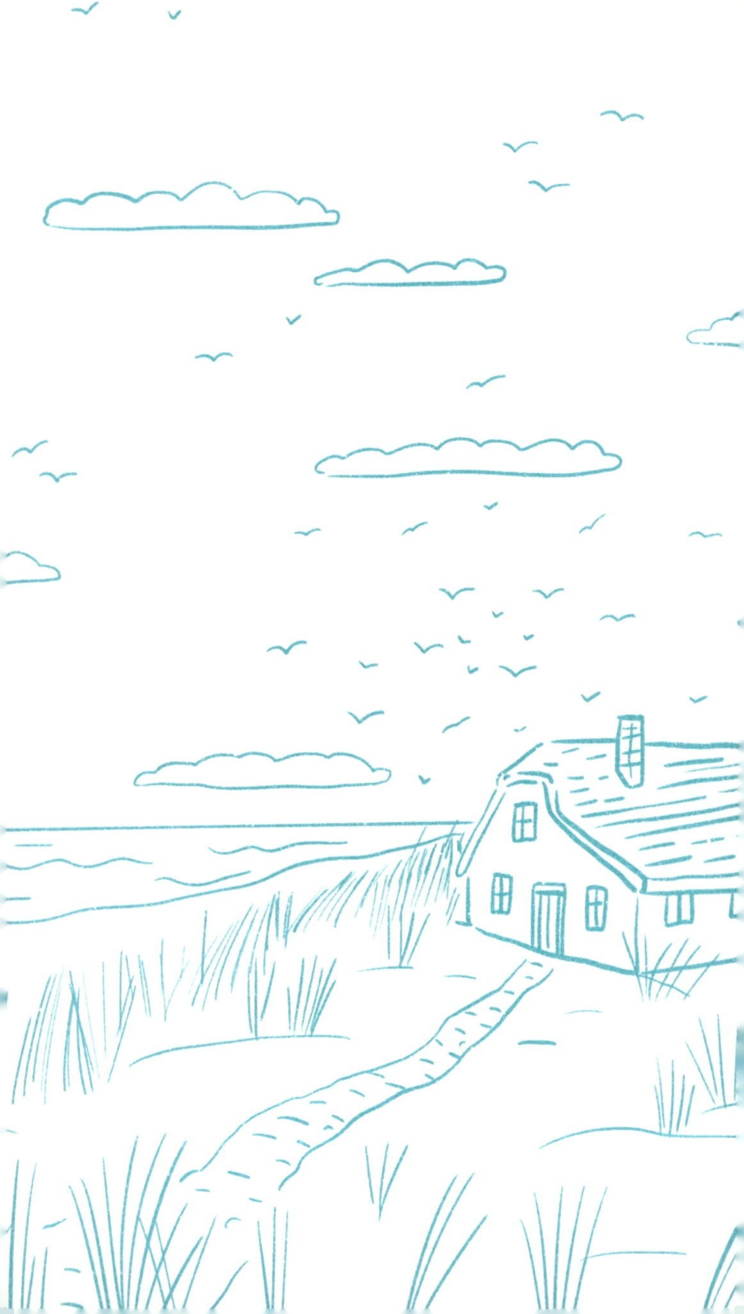

»Hast du alles dabei?«, fragte sie.

»Ja«, sagte ich und deutete auf meine Handtasche. »Hier drin.« Mir war immer noch nicht klar, was Lene eigentlich vorhatte.

Zwei Kaninchen kreuzten unseren Weg. Begeistert jagte Chili hinter ihnen her. Doch bevor der kleine Hund sie erwischen konnte, waren sie schon mit wenigen flinken Sprüngen in einem Erdloch verschwunden.

»Was machen wir jetzt?«, fragte ich.

»Das erfährst du gleich«, antwortete Lene mit einem Lächeln auf den Lippen. »Komm.« Sie schlug einen schmalen Pfad ein, der sich durch das Dünengras schlängelte, und ich folgte ihr schweigend. Nach ein paar Metern sahen wir das Meer. Die Sonne war bereits untergegangen und hatte ein glutrotes Band am Horizont zurückgelassen. Ich blieb kurz stehen, atmete die salzige Luft ein und genoss den Blick auf die menschenlose Weite. Chili war bereits unten am Wasser, flitzte auf die kleinen Wellen zu, hielt dann aber abrupt inne und beschnüffelte das auf sie zurollende Nass mit dem kleinen Schnäuzchen. Lene lief den Dünenkamm hinab. Ihr Haar wurde von einer Böe erfasst und flatterte wie eine rote Fahne im Wind. Sie folgte Chili zum Wasser und stellte ein paar Meter davor ihre große Handtasche ab. Dann nahm sie eine blau-weiß gestreifte Decke heraus, breitete sie auf dem Boden aus und setzte sich drauf.

»Ist das nicht ein wunderschöner Abend?«, fragte sie,

als ich sie erreicht hatte. »Setz dich doch.« Sie klopfte mit der Hand neben sich auf die Decke und ich folgte ihrer Aufforderung.

»Wie ist es dir beim Aufschreiben ergangen?«, erkundigte sich Lene, während sie sich über ihre Handtasche beugte und etwas Längliches aus Holz herausholte. Bei genauerem Hinsehen erkannte ich, dass es ein kleines Floß war.

»Hast du das selbst gemacht?«, fragte ich erstaunt.

»Ja«, sagte sie und legte das Floß auf die Decke. »Ich bastle gerne Dinge aus Treibholz.«

»Was hast du damit vor?«

Ein Lächeln huschte über ihr Gesicht. »Ich möchte dir ein Loslass-Ritual zeigen.«

»Ein Loslass-Ritual?«, wiederholte ich zögerlich, denn ich war mir nicht sicher, ob ich sie richtig verstanden hatte.

»Ja, genau. In vielen Kulturen dieser Welt gibt es solche Rituale. Sie helfen dabei, mit Angst, Trauer und Verlust umzugehen oder in eine neue Lebensphase überzugehen, zum Beispiel, sich von der Jugend zu verabschieden, um erwachsen zu werden. Vor einigen Jahren habe ich den Amazonas bereist. Damals habe ich ein indigenes Volk kennengelernt, bei dem ich ein paar Tage bleiben durfte. Und dort habe ich dieses Loslass-Ritual miterlebt. Die Menschen verarbeiten so ihre Trauer. Sie sammeln im Herzen alles, was sie schmerzt, und übergeben es dann symbolisch dem Fluss, indem sie sich eine Haarsträhne abschneiden und diese auf ein Floß legen. Dann wird es zu Wasser gelassen, angezündet und trägt so die Schmerzen mit sich fort. Ich dachte, das könnten wir vielleicht auch machen.«

Offensichtlich blickte ich ziemlich entgeistert drein, denn rasch fügte Lene schmunzelnd hinzu: »Keine Sorge, wir könnten deine Notizen anstatt einer Haarsträhne verwenden. Was hältst du von der Idee?«

»Mhm«, brummte ich etwas überfordert. Ich war überhaupt nicht abergläubisch und fragte mich, was das Ganze hier bringen sollte. Allerdings, was sprach dagegen, es auszuprobieren? Was hatte ich schon zu verlieren?

»Okay.« Ich nickte. »Hast du eine Schere dabei?«

Lene sah mich überrascht an.

»Wenn schon, denn schon«, sagte ich und rang mir ein Lächeln ab.

Lene griff in ihre Handtasche und förderte ein kleines Taschenmesser zutage. Sie zog eine kleine Schere aus der Vertiefung des Messers und gab es mir. Ich nahm eine meiner schulterlangen Haarsträhnen zwischen die Finger und schnitt ein Stuck ab. Dann nahm ich meine vollgekritzelten Seiten aus meiner Handtasche, legte die Haarsträhne darauf und rollte alles zusammen. Lene reichte mir ein Stück Kordel, ich band die Seiten fest und legte sie auf das Floß.

»Mit oder ohne Feuer?«, fragte Lene.

»Mit!«

»Okay.« Lene kramte erneut in ihrer Tasche. »Hier«, sagte sie und überreichte mir eine Packung Streichhölzer. »Lass das Floß jetzt zu Wasser und übergib ihm ganz bewusst all deinen Schmerz.«

Ich zog meine Schuhe aus, krempelte die Hose hoch und watete so tief ins Wasser, dass es mir bis zu den Knien reichte. Dann setzte ich das Floß darauf ab. Ich zündete ein Streichholz an und hielt es an die Papierrolle. Binnen Sekunden brannte sie lichterloh. Ich gab dem Floß einen Schubs, sah zu, wie es sich schaukelnd von mir entfernte und dachte an all das, was ich aufgeschrieben hatte. Plötzlich brandete der Schmerz wieder in mir auf. Ich spürte, dass meine Lippen bebten und meine Wangen feucht wurden, während das Floß immer weiter davontrieb. Die Szene wirkte surreal. Der samtblaue Himmel, an dem jetzt die ersten Sterne leuchteten. Das scheinbar endlose schwarze Meer. Und darauf das brennende Floß, das wie ein roter Ball hin und her schwankte.

Ich wischte meine Tränen mit dem Handrücken weg, ging zurück zu Lene und setzte mich wieder zu ihr auf die Decke. Sie legte einen Arm um mich. Gemeinsam sahen wir schweigend zu, wie das Floß davonschaukelte.

»Und jetzt«, sagte sie in die Stille hinein. »Schließe die Augen und denke an alles, wofür du dankbar bist.«

»Dankbar?«, fragte ich irritiert.

»Wichtig ist, dass wir das, was wehgetan hat, hinter uns lassen. Und das, was gut ist, in unserem Herzen bewahren. Das Gute wie einen Schatz, der uns Kraft gibt und das Schlechte wie eine Aufgabe, aus der wir lernen können.«

Ich betrachtete das Floß, das inzwischen fast niedergebrannt war, dann schloss ich die Augen. Ich sah Lara mit fliegendem Haar auf Blitz herangaloppieren, sah Jonas nach einem gelungenen Elfmeter jubelnd die Siegerfaust nach oben recken, sah Jochens verliebten Blick auf mir ruhen und hörte sein aufrichtiges »Ja« vor dem Traualtar.

Ich sah, wie ich mein BWL-Diplom im Audimax der Universität entgegennahm und spürte den riesigen Stolz in meiner Brust, fühlte das Glück, das ich beim Cocktailmixen hinter der Theke der kleinen Bar empfunden hatte, sah mich mit Moni auf der Spanischen Treppe in Rom sitzen, beide mit Chucks an den Füßen und einem Glas Rotwein in der Hand.

Ich sah das fröhliche Lachen meines Vaters, der mich fest an sich drückte, spürte die tröstende Hand meiner Mutter auf meinem Haar, hörte, wie mein großer Bruder wütend, »Halt doch einfach mal die Klappe« zu seinem Kumpel sagte.

Ich spürte, dass meine Wangen wieder feucht wurden. Doch der Schmerz war weg. Als ich die Augen eine Weile später wieder öffnete, war auch das Floß verschwunden.

»Wie fühlst du dich?«, fragte Lene ein paar Minuten später in die Stille hinein. Inzwischen war auch der Mond aufgegangen. Er war fast voll und spiegelte sich silbern auf der Wasseroberfläche.

Ich horchte in mich hinein. »Leer. Aber auf eine gute Art und Weise. So, als hätte jemand den großen Scherbenhaufen in mir zusammengekehrt, aufs Floß gekippt und als hätte das jetzt alles mitgenommen.«

Lene lächelte. »Dann kann nun etwas Neues beginnen.«

4. Tag

JA, ABER …

Meine Hand tastete nach rechts, um wie jeden Morgen unter Jochens Decke zu schlüpfen. Doch anstatt seinen warmen Oberkörper zu berühren, glitt sie ins Leere. Ich öffnete die Augen und sah, dass mein Arm über der Bettkante hing. Richtig, ich war ja auf der Insel. Die Flaschenpost. Lene. Das Loslass-Ritual. Binnen Sekunden setzten sich die letzten Tage zu einer Erinnerung zusammen. Ich reckte mich, schlug die Decke zurück und ging ins Bad.

Ich wollte unter die Dusche und zog mein Nachthemd über den Kopf, dabei blieb mein Blick am Spiegel hängen. Ein müdes, leicht verquollenes Gesicht mit halbrunden Kreisen unter den Augen sah mir entgegen. Mein Blick wanderte an mir hinab, streifte mein Brüste, die einmal rund und prall gewesen waren, aber nach zwei Kindern nun zwei Körbchengrößen eingebüßt hatten und jetzt erschlafft der Erdanziehung nachgaben. Darunter wölbte sich ein weißer Bauch hervor. Ich drehte mich zur Seite, betrachtete die Fettpölsterchen an meiner Taille sowie den weichen, welligen Po und die breiten Oberschenkel, die hier und da von kleinen roten Verästelungen durchzogen wurden.

Da war sie wieder. Diese Frau Mitte vierzig, deren Jugend immer mehr verblasste. Die schon seit Ewigkeiten mit ihrem Gewicht kämpfte. Die zwei Kinder geboren und großgezogen hatte und kaum noch gebraucht wurde. Die seit 19 Jahren verheiratet und vor drei Jahren von ihrem Mann betrogen worden war. Die beruflich und auch sonst im Leben nichts Besonderes erreicht hatte. Ein farbloses, langweiliges, uninteressantes Wesen.

All das wollte ich loslassen. Hinter mir lassen. Doch was würde dann noch von mir übrig bleiben?

Ich beugte mich nach vorn, sah mir selbst direkt in die Augen. »Wer bist du eigentlich?«, fragte ich die Frau im Spiegel.

*

»Hallo!« Lene hob den Arm und winkte mir aus der Ferne zu.

Chili sprang fröhlich neben ihren Beinen her, die heute in einer weiten, bunten Flatterhose steckten. Darüber trug Lene eine hübsche weiße Bluse und eine Jeansjacke. Ihr rotes Haar tanzte im Wind.

Etwas verlegen winkte ich zurück und ging ihr entgegen. Die ganze Situation kam mir heute irgendwie komisch vor.

Der Himmel war wieder bedeckt. Eine einheitliche Fläche aus grauen Wolken, bei der es keinen Anfang und kein Ende zu geben schien. Es war frisch, sodass ich wieder zu meinem Sommermantel gegriffen hatte.

Als Chili mich entdeckte, spurtete sie los und flitzte, so schnell ihre kurzen Beinchen sie tragen konnten, zu mir herüber. Ich ging in die Hocke und wurde mit einem feuchten Kuss belohnt. »Na, du Süße. Schön, dich zu sehen!«, lachte ich und kraulte den kleinen Hund, der mir inzwischen alle viere entgegenstreckte, am Bauch.

Als ich mich wieder aufrichtete, hatte Lene uns ebenfalls erreicht.

»Schön, dich zu sehen. Wollen wir direkt los?« Lenes warmes Lächeln stellte die Nähe von gestern Abend sofort wieder her.

»Okay«, nickte ich.

Die ersten Meter liefen wir schweigend nebeneinanderher und beobachteten den kleinen Hund, der voller Entdeckerdrang über den Sand sauste und feine, helle Wölkchen hinter sich aufwirbelte.

»Und?«, brach Lene schließlich das Schweigen. »Wie geht es dir nach gestern?«

»Ach«, seufzte ich und betrachtete den gelben Sand unter meinen Füßen, der sich in unzähligen kleinen Hügeln über den Strand erstreckte. »Als ich heute Morgen vor dem Spiegel stand, hatte ich das Gefühl, dass sich gar nichts verändert hat. Da war wieder diese Enttäuschung über mich selbst …« Ich stockte.

»Ach, das kenne ich, glaub mir«, sagte Lene und ich

spürte, dass ihre Worte keine höfliche Floskel waren. Also sprach ich weiter. »Ich sehe eine Frau, die zu dick ist, die Cellulite und Falten hat und nicht besonders attraktiv ist. Deren besten Jahre – in jeder Hinsicht – schon vorbei sind und die nichts wirklich Wichtiges erreicht hat.« Während ich sprach, spürte ich, dass mein Hals enger wurde.

»Das tut mir leid«, antwortete Lene mitfühlend. »War es denn irgendwann einmal anders?«

Ich dachte nach. Natürlich hatte es Zeiten gegeben, in denen ich glücklich gewesen war. Und in denen ich auch mich und meinen Körper weniger kritisch gesehen hatte. Aber hatte ich mich jemals rundherum gemocht? Außer als kleines Kind vielleicht?

»Ich glaube, ich war nie wirklich zufrieden mit mir«, gab ich zu.

Lene lächelte traurig. »Offenbar betrachtest du dich schon seit vielen Jahren sehr negativ. Da würde es an ein Wunder grenzen, wenn du über Nacht auf einmal alles anders sähest. Gib dir Zeit. Meist müssen die Dinge erst wachsen und reifen.« Nach einer kurzen Pause fügte sie hinzu. »Stell dir das mal so vor: Dein Kopf ist wie eine Festplatte, die du programmierst. Jahrelang hast du das Programm ›Ich bin nicht attraktiv‹, ›Ich bin nicht wertvoll‹, ›Ich bin eine Versagerin‹, darauf gespeichert. Mit dem Loslass-Ritual gestern haben wir die Reset-Taste gedrückt. Aber das reicht noch nicht. Jetzt musst du bewusst ein neues Programm schreiben. Mit Gedanken wie: ›Ich bin gut, so wie ich bin‹, ›Ich mag mich‹, ›Ich bin stolz auf mich‹, ›Ich habe viel erreicht‹. Am besten sagst du dir diese Sätze mehrmals am Tag vor. Nicht nur morgens vor dem Spiegel, sondern immer mal in deinem Alltag zwischendurch. Nach dem Frühstück, bevor du ein Glas Wasser trinkst, in der Supermarktschlange, wenn du mit dem Auto an der Ampel stehst, jedes Mal, bevor du auf dein Handy schaust.«

»Meinst du wirklich, das bringt was?«, fragte ich skeptisch. »Ich glaube, ich käme mir dabei ziemlich albern vor. Und außerdem würde ich es mir ohnehin nicht glauben.«

»Das ist zum Glück völlig egal. Wir können unser Gehirn nämlich wunderbar überlisten. Das, was es immer wieder hört, nimmt es irgendwann als Wahrheit an.«

Lene lächelte mich an. »Gibt es etwas an deinem Körper, was du wirklich magst?«

Ich dachte nach, ging im Geiste noch mal alles durch und blieb bei meinen Waden hängen. Egal wie hoch mein Gewicht auch gewesen war, meine Waden waren immer schlank geblieben. Allerdings hatte ich eine hässliche Krampfader an der rechten Wade.

»Ja, meine Waden«, antwortete ich schließlich, »aber …«

»Moment!«, rief Lene so laut, dass ich erschreckt zusammenzuckte.

»Was ist?«, fragte ich.

»Es gibt ein Wort, das du im Zusammenhang mit ›Ja‹ unbedingt streichen solltest, und zwar das ›Aber‹.«

»Warum?«, hakte ich irritiert nach.

»Immer, wenn du zum ›Ja‹ ein ›Aber‹ hinzufügst, nimmst du dem ›Ja‹ all seine Kraft, Energie und Stärke. Du machst es kaputt. Probiers doch noch einmal«, ermunterte Lene mich.

»Okay«, willigte ich ein. »Ja. Meine Waden sind in Ordnung.«

»Na ja, stolz klingst du nicht gerade.«

»Nicht wirklich«, gab ich zu.

Lene zwinkerte mir zu. »Komm, versuchs noch mal mit etwas mehr Begeisterung.«

»Na gut«, erwiderte ich grinsend. »Ich geb jetzt alles: Ja, ich habe schöne, schlanke Waden.«

Der Satz blieb einen Moment lang in der Luft hängen. Als ich zu Lene blickte, sah ich, dass ihre grünen Augen zufrieden leuchteten.

»Warum ist es nur so schwer?«, seufzte ich, nachdem wir ein paar Meter schweigend weitergelaufen waren.

»Was meinst du?«, hakte Lene nach.

»Warum ist es nur so schwer, sich selbst zu mögen?«, sagte ich und betrachtete den Leuchtturm, der in der Ferne aufgetaucht war und etwa die Größe einer Playmobilfigur hatte.

»Ach, wenn du wüsstest, wie oft ich selbst mir darüber schon den Kopf zerbrochen habe. Ich glaube, es liegt daran, dass wir – obwohl wir im 21. Jahrhundert leben – nach wie vor mit vielen veralteten Denkmustern und Rollenbildern aufwachsen. Mädchen werden immer noch in rosa Kleidchen gesteckt, damit sie niedlich und hübsch aussehen. Ihnen wird beigebracht, freundlich, hilfsbereit und nett zu sein. Und wir Mütter leben ihnen vor, was für Frauen wichtig ist: schlank zu sein, attraktiv zu sein, für alle da zu sein und die eigenen Bedürfnisse zurückzustellen, für wenig Geld zu arbeiten und unbezahlt, ohne zu murren, einen Großteil der Care-Arbeit zu übernehmen. Kinder und Haus zu versorgen, die Urlaube, Arztbesuche und Hobbys zu organisieren, die Großeltern zu pflegen et cetera. Am besten sollte jede von uns aussehen wie ein Model, dazu noch sportlich und topfit sein, gesund essen und kochen, Karriere machen und gleichzeitig glückliche, talentierte Kinder mit besten Schulnoten bedürfnisorientiert großziehen, eine wunderbare Ehefrau und Liebhaberin sein, kreative Hobbys haben und sich idealerweise auch noch sozial engagieren. Und natürlich sollten wir dabei jung und frisch bleiben, egal, wie alt wir sind.«

»Ziemlich viel auf einmal«, gab ich zu. »Trotzdem habe ich das Gefühl, dass es den meisten wirklich gelingt und ich eine der wenigen bin, bei der das anders ist.«

Lene schmunzelte. »Mit dem Gefühl bist du nicht allein. So geht es vielen. Weil wir alle so wunderbar unsere Fassade aufrechterhalten und nach außen hin so tun, als wäre alles toll. Darüber, dass wir uns ausgebrannt fühlen oder eine innere Leere empfinden, sprechen wir kaum. Und für die anderen gibst auch du ein perfektes Bild ab. Du bist eine attraktive Frau Mitte vierzig, hast zwei gut geratene Kinder, eine tolle Ehe, einen guten Job. Dass bei dir zu Hause vielleicht doch nicht alles so perfekt ist – wie es nach außen scheint – und dass deine Wahrnehmung von dir selbst so negativ ist, weil du viel zu hohe Ansprüche an dich hast, können die anderen nicht sehen.«

»Mhm«, brummte ich nachdenklich. »Ich finde nicht, dass meine Ansprüche zu hoch sind. Ich sehe mich einfach realistisch: Ich habe nichts Besonderes im Leben erreicht, werde immer älter und unattraktiver und bin mal wieder sechs Kilo zu schwer.«

Lene schien über meine Worte nachzudenken und sagte schließlich: »Stell dir mal vor, diese Insel hier«, sie breitete ihre Arme aus, als wolle sie die Umgebung damit umschließen, »wäre unbewohnt. Nur du würdest hier leben, vollkommen allein. Es gäbe keine Spiegel, keine Waagen, dafür aber jede Menge leckeres Essen. Und du würdest den ganzen Tag über in bequemer Kleidung herumlaufen, die dich nicht einengt und kneift. Würdest du dann immer noch sechs Kilo abnehmen wollen?«

Während ich zwei Möwen beobachtete, die, von Chili aufgeschreckt, eilig in die Luft flatterten, ließ ich mir Lenes Worte durch den Kopf gehen. Sechs Kilo abzunehmen war harte Arbeit. Es bedeutete, wochenlang mit knurrendem Magen herumzulaufen, auf Schokolade, Kuchen und andere Leckereien zu verzichten und mich in Fitnessstudios, die ich nicht leiden konnte, mit schweißtreibenden Übungen abzumühen. Und das nicht nur eine Zeit lang, sondern eigentlich für immer. Denn sobald ich mein Idealgewicht erreicht hatte und von dem Ernährungsplan abwich, nahm ich wieder zu. Das hatte mich mein Köper in der Vergangenheit mehr als einmal gelehrt. Würde ich all das auf einer einsamen Insel, auf der ich völlig alleine wäre, wirklich auf mich nehmen?

»Überführt«, sagte ich schmunzelnd. »Ich schätze, dann würde ich nur zwei bis drei Kilo abnehmen wollen. Oder vielleicht auch gar nicht.«

»Was macht denn den Unterschied? Warum spielt es hier eine Rolle, wie viel Kilo du wiegst?«, wollte Lene wissen.

»Weil mich hier alle sehen können. Natürlich wäre es schön, wenn wir in einer Welt leben würden, in der Außerlichkeiten keine Rolle spielen. In der wir andere Menschen nur nach ihren inneren Werten beurteilen. Aber das ist reine Utopie.«

»Meinst du?« Lene runzelte die Stirn, sodass ihr sonst so heiteres Gesicht einen ernsten Ausdruck annahm. »Wer ist denn aus deiner Sicht verantwortlich dafür, dass das so ist?«

»Na, die Gesellschaft eben«, konterte ich.

»Und wer ist die Gesellschaft? Das sind doch wir. Du und ich, unsere Nachbarinnen, unsere Freundinnen, die Lehrerinnen unserer Kinder. Wir alle sind ›die Gesellschaft‹. Klitzekleine Steinchen eines riesigen Mosaiks. Wenn wir wollen, dass sich die Gesellschaft ändert, dann müssen wir erst mal bei uns selbst anfangen. Uns fragen: ›Wer will ich sein? Wie will ich leben? Welchen Regeln will ich folgen, weil sie sich gut und richtig für mich anfühlen? Und was tue ich nur – weil frau das so macht?‹. All diese unnötigen Dinge sollten wir über Bord werfen. Was ist denn zum Beispiel schön?« Lene machte eine kurze Pause. »Und wer entscheidet das? Ist es nicht so, dass der Schönheitsbegriff komplett der Mode unterworfen ist?«

Plötzlich erinnerte ich mich an eine Szene im Louvre, als ich mir einige Jahre zuvor gemeinsam mit meiner Familie die Gemälde der alten Meister angesehen hatte. Lara hatte damals gemeint: »Mami, warum sahen die Menschen denn früher alle so hässlich aus?« Auch mich sprachen die Frauen auf den Bildern nicht an: keine weichen, jugendlichen Züge, keine vollen, geschwungenen Lippen, keine langen dunklen Wimpern, die den Augen Ausdruck verliehen. Nur blasse Gesichter, die mir alle etwas verhärmt vorkamen, mit langen Nasen, schmalen Mündern und Augen, die keine Wimpern zu haben schienen und dadurch nackt wirkten. »Schau mal hier, Mami, die sind ja alle schrecklich dick!«, stellte Lara sachlich fest, als sie vor einem deckenhohen Rubensgemälde stand. Besonders enttäuscht war sie von der Mona Lisa, von deren berühmtem Lächeln wir den Kindern vor dem Museumsbesuch erzählt hatten. »Die gefällt mir gar nicht«, sagte sie und wandte sich enttäuscht von dem Meisterwerk ab. »Uns auch nicht«, stimmten Jonas und Jochen ihr zu. Ich verkniff mir meinen Kommentar und gab den dreien im Stillen recht.

»Du meinst also, Schönheit ist von der Mode abhängig, weil sich unser Schönheitsideal in den letzten Jahrhunderten immer wieder verändert hat?«, fragte ich Lene.

»Ja, genau. Und nicht nur in den letzten Jahrhunderten. Denk doch mal darüber nach, was sich schon seit deiner und meiner Jugend so getan hat. Erinnerst du dich noch daran, dass wir alle in den Achtzigerjahren unbedingt braun gebrannt sein wollten? Wer ist damals nicht mindestens ein Mal in der Woche auf die Sonnenbank gegangen und hat sich im Sommer in die pralle

Sonne geknallt? Und heute? Wer will jetzt noch so knatschbraun aussehen?«

»Stimmt«, sagte ich und musste mit Schaudern an so manche vergangene Mode denken, der ich mittlerweile nichts mehr abgewinnen konnte. Als ich Anfang zwanzig war, waren gerade ornamentale Tattoos oberhalb des Pos modern gewesen, die viele später boshaft »Arschgeweih« genannt hatten. Ich hatte damals ernsthaft damit geliebäugelt, mir solch ein Tattoo stechen zu lassen. Doch dann hatte ich mich mal wieder als zu dick empfunden und von der Idee Abstand genommen.

»Möchtest du dein persönliches Wohlempfinden von der Mode abhängig machen? Davon, was gerade angesagt ist«, unterbrach Lene meine Gedanken, »oder lieber selbst entscheiden, was du schön findest, und danach leben?«

Der Leuchtturm hatte inzwischen deutlich an Größe gewonnen. Über ihm hatte der Wind ein kleines blaues Loch in die graue Wolkenschicht gerissen.

»Letzteres wäre natürlich besser«, gab ich zu. »Aber ich finde es schrecklich schwer, gegen den Strom zu schwimmen. Es auszuhalten, wenn ich weiß, dass andere mich kritisch sehen.«

»Das kenne ich nur zu gut«, Lene nickte verständnisvoll. »Und genau das ist das Problem: Wir alle wollen dazugehören, Teil der Herde sein. Daher halten wir nach wie vor an Dingen fest, die nicht gut für uns sind. Weil sich kaum jemand traut, aufzustehen und zu sagen: ›Ich mache da nicht mehr mit.‹ Aber nur so könnte sich etwas ändern.«

Chili kam mit einem Stöckchen im Maul angelaufen und legte es Lene vor die Füße.

»Na, was hast du denn hier Feines gefunden?«, fragte sie, bückte sich und warf das Stöckchen weg. Chili sauste hinterher.

»Weißt du«, fuhr Lene fort, »ich denke mir jetzt immer: da draußen leben acht Milliarden Menschen. Davon werden mich niemals alle schön finden und lieben. Das ändert aber nichts daran, dass ich in Ordnung bin. Wenn mich jemand nicht mag oder hässlich findet, dann ist das sein Thema. Dann hat er vielleicht einen anderen Geschmack oder er ist nicht tolerant oder er hat ein Problem mit sich selbst und deshalb einen negativen Blick auf andere. Was auch immer es ist, es spielt keine Rolle. An meinem Wert ändert das nichts. Den bestimme nur ich selbst.«

Sie bückte sich erneut und warf abermals das Stöckchen, das Chili stolz wedelnd zurückgebracht hatte.

»Und wenn mich doch mal wieder der Gedanke beschleicht ›Soll ich das jetzt wirklich tun oder könnten andere das schlecht finden?‹, dann frage ich mich: ›Was ist mir wichtiger? Meine persönliche Freiheit oder die Meinung von ein paar Nörglern da draußen?‹ Und die Antwort fällt mir nicht schwer.«

»Ach, ich beneide Menschen wie dich, die so mutig sind. Ich wünschte, ich wäre auch so. Aber leider kann ich nur ganz schlecht mit Kritik umgehen. Es tut mir total weh, wenn mich jemand negativ bewertet. Deshalb versuche ich immer, es möglichst allen recht zu machen und wenig anzuecken. Nicht nur, was mein Aussehen angeht.«

Diesmal kam Chili mit einem riesigen Ast zwischen den kleinen spitzen Zähnchen zurück, den sie mühevoll durch den Sand hinter sich herzog.

»Hey, ist der nicht ein bisschen zu groß für dich?«, fragte Lene lachend. Dann warf sie ihn Richtung Wasser.

»So wie dir ging es mir früher auch«, sagte sie wieder an mich gewandt. »Aber seit ich mich traue, zu mir selbst zu stehen, merke ich, dass es viel leichter ist, als man denkt. Die meisten Leute sind viel toleranter, als wir es erwarten, und viele Gedanken und Sorgen, die wir uns im Vorfeld machen, sind völlig unbegründet. Außerdem stehen die Menschen, die uns gernhaben, sowieso hinter uns. Ihnen ist egal, ob wir dick oder dünn sind, rote Haare oder blonde Haare haben. Menschen, denen wir wirklich wichtig sind, wollen nur eines: dass wir glücklich sind. Und nur auf diese Menschen kommt es für mich an.«

Ich musste an Jochen denken. Er hatte sich tatsächlich noch nie über meine Figur beschwert. Und auch meine Freundinnen gaben mir immer das Gefühl, attraktiv zu sein. »Wahrscheinlich hast du recht«, überlegte ich. »Aber vieles, was unserem heutigen Schönheitsideal entspricht, gefällt mir tatsächlich gut. Ich mag mich viel lieber, wenn ich schlank bin. Und ich fand mich auch viel attraktiver, als ich noch nicht diese ganzen hässlichen Falten hatte. Das Altwerden ist für mich wirklich schrecklich! Wenn es nicht so teuer wäre, würde ich mir die Falten wegmachen lassen«, seufzte ich frustriert.

»Natürlich tut das Älterwerden manchmal weh«, sagte Lene und strich sich eine flatternde Haarsträhne aus dem Gesicht. »So wie jeder Abschied von etwas Schönem. Und natürlich gibt es auch bei mir immer mal wieder Tage, an denen ich meine Falten sehe und mir wünsche, noch einmal jung zu sein. Aber alt auszusehen ist vor allem deshalb so schmerzvoll, weil wir das Jungsein zum Idealbild stilisieren. Genauso wie das Schlanksein. Und solange wir da mitmachen und versuchen, diesem Ideal zu entsprechen, wird sich auch nichts ändern. Wir können uns schlank hungern, Botox spritzen lassen und Fotos von uns im Internet posten, auf denen uns ein Filter glatter und jünger gemacht hat. Oder wir suchen uns neue Vorbilder und werden selbst zu Vorbildern: Echte, authentische Frauen mit Falten, Cellulite und Fettpolstern. Frauen, die stolz auf ihr Alter sind. Und die ihre Falten mit einem zufriedenen Lächeln tragen, anstatt sie mühevoll zu bekämpfen. Frauen voller Selbstbewusstsein, die zu sich und ihrem Körper stehen. Denn egal, was wir tun, das Älterwerden lässt sich nicht aufhalten, auch wenn wir es uns noch so sehr wünschen. Oder hast du schon mal eine Frau gesehen, die nach Botox oder einem chirurgischen Eingriff wirklich jünger oder hübscher aussah?«

Ich dachte nach und erinnerte mich an eine High-Society-Lady aus den Neunzigern, deren Gesicht im Laufe der Jahre immer maskenhafter geworden war, ebenso an diverse amerikanische Schauspielerinnen. Auch bei ein paar deutschen Schauspielerinnen war mir in den letzten Jahren aufgefallen, dass sie sich wohl unters Messer gelegt hatten. Und erst neulich hatte ich wieder bei einer TV-Moderatorin gedacht: »Na, du hast doch was machen lassen.« Sie alle hatten glatter, aber auch künstlicher ausgesehen. Und trotzdem nicht jung. Nur wie ältere Frauen, ohne Falten.

In diesem Moment kam mir wieder die Frau in den Sinn, die mich neulich an der Bäckertheke so fasziniert hatte. An ihr war nichts Besonderes gewesen, außer dass sie trotz ihres Alters wunderschön gewesen war. Sie hatte halblanges graues Haar und viele Falten im Gesicht sowie am Hals. Aber ihr Lachen war wahnsinnig sympathisch. Und dabei zeigten sich freche Grübchen in ihren Wangen und ihre dezent geschminkten Augen blitzten schelmisch. Sie strahlte Energie und Lebensfreude aus, obwohl sie vermutlich schon um die achtzig war. Ich blickte ihr noch eine ganze Weile hinterher, nachdem sie mit ihren modernen Sneakern und dem hübschen roten Mantel an mir vorbei hinausgegangen war, und konnte meinen Blick erst von ihr lösen, als die junge Frau hinter der Theke zum zweiten Mal nachfragte, wer denn nun an der Reihe sei.

Während Lene und ich schweigend ein paar Meter nebeneinander herliefen, betrachtete ich den rot-weiß gestreiften Leuchtturm, der nur noch wenige Kilometer von uns entfernt war. Beständig und stolz ragte er in den Himmel, so, als wolle er mir demonstrieren, dass man auch ganz alleine allen Stürmen trotzen konnte.

»Ein schönes Postkartenmotiv«, sagte ich und deutete auf den Turm.

»Warst du schon mal oben?«, wollte Lene wissen.

»Nein.« Ich schüttelte den Kopf.

»Dann wirds aber Zeit.«

»Kann man denn da einfach so rauf?«

»Man nicht. Frau schon!« Lene grinste und zog einen Schlüsselbund aus der Jackentasche hervor. »Tatatataaa.«

»Du hast einen Schlüssel für den Leuchtturm?«, fragte ich überrascht.

»Ja, eigentlich betreut ihn der alte Jensen von der Stadtverwaltung. Aber wenn der mal krank oder im Urlaub ist, schaue ich dort nach dem Rechten. In der Hauptsaison ist der Turm sowieso täglich geöffnet, aber jetzt in der Nebensaison muss man sich für eine Besichtigung anmelden. Wollen wir gleich mal rauf?«

»Unbedingt!«

Fünfzehn Minuten später waren wir am Ziel. Über dem Dach des Turms, das mich an ein rotes Hütchen erinnerte, zogen nur noch ein paar Quellwolken hinweg. Den Rest hatte der Wind weggepustet. Wieder einmal war ich fasziniert davon, wie schnell sich das Wetter am Meer ändern konnte. »Weißt du, wie hoch der ist?«, fragte ich Lene.

»Etwa vierzig Meter«, antwortete sie und steuerte auf den Fahrradständer zu, der sich neben dem Leuchtturm befand. Dort band sie Chilis Hundeleine fest. »Sitz«, sagte sie und hob den rechten Zeigefinger. Das Tier setzte sich brav auf sein Hinterteil und sah Lene fragend an. »Du musst jetzt leider hierbleiben, mein Schatz«, sagte diese bedauernd. Dann ging sie zum Turm und zückte den Schlüssel. Als die Tür aufschwang, gab sie den Blick in ein dämmriges Treppenhaus frei. »Auf gehts.« Lene betrat als Erste die schmale Wendeltreppe mit den alten, ausgetretenen Holzstufen und dem weißen Handlauf, der erst vor Kurzem frisch gestrichen worden sein musste, da er so makellos wirkte.

»Puh«, stöhnte ich nach etwa der Hälfte der Stufen, »ganz schön anstrengend.«

»Wer wird denn da schon schlappmachen?«, kam es von oben zurück und ich konnte förmlich hören, wie Lene bei diesen Worten grinste.

Auf den letzten Metern spürte ich deutlich den Puls in

meinem Hals hämmern. »Ich muss wirklich was tun«, dachte ich. Dann betrat ich die Galerie, die einmal rund um den Leuchtturm führte. Sofort schlug mir ein kräftiger Wind entgegen. Lene lehnte bereits an dem schmiedeeisernen Geländer und schaute aufs Meer hinaus. Ihr rotes Haar flatterte im Wind.

Ich stellte mich neben sie und sah in die Ferne, betrachtete den Horizont, der wie eine schnurgerade Linie das helle Blau des Himmels vom dunklen Blau des Meeres trennte. Dann schloss ich die Augen. Ich spürte die Sonnenstrahlen auf meiner Nasenspitze. Den Wind auf meinen Wangen und in meinem Haar. Ich sog die Luft ein. Sie roch sauber und ließ mich unwillkürlich an frisch gewaschene Wäsche denken. Nach einer Weile öffnete ich die Augen wieder und versuchte, alles, was ich sah, intensiv aufzunehmen. Himmel, Wolken, Wasser, Sonne, Weite. Natur in ihrer schönsten Form. Schöner, als es irgendein Künstler hätte malen können. Einfach perfekt.

»Wunderschön«, sagte ich mehr zu mir selbst und spürte, wie die Worte aus meinem Innersten kamen.

»Ja«, hörte ich Lene neben mir sagen. »Oft müssen wir nur das große Ganze sehen, um wahre Schönheit zu erkennen.«

Irgendwie hatte ich das Gefühl, dass sie gerade nicht nur über das Meer gesprochen hatte.

»Ich muss jetzt zurück, mein Lädchen aufmachen«, verabschiedete sich Lene von mir, als wir wieder unten vor dem Leuchtturm standen. »Aber morgen ist mein freier Tag. Wenn du Lust hast, könnten wir eine längere Wanderung zusammen machen. Ich kenne ein tolles Ausflugsziel.« Wir besprachen noch kurz, wann und wo wir uns treffen wollten, dann verschwanden Lene und Chili zwischen den Dünen.

Nun lief ich am Wasser entlang und dachte darüber nach, was Lene gesagt hatte. Sicherlich hatte sie in vielen Punkten recht. Aber wäre es mir wirklich möglich, mich selbst anders zu betrachten? Mich so anzunehmen, wie ich war? Mit mehr Kilos. Meinen Falten. Meiner nichtssagenden Biografie. Und mich so auch zu mögen?

Ich blieb stehen, schloss die Augen und dachte »Du bist schön«. »Schlechter Witz! Das glaubst du doch wohl selbst nicht«, hallte es von irgendwoher aus meinem Kopf zurück. War ja klar, dass das nicht funktionierte. »Du bist gut, so wie du bist«, versuchte ich es mit einem anderen Satz. »Stimmt nicht!«, schrie etwas in mir ganz laut. »Belüg dich doch nicht selbst!« Ich öffnete die Augen, atmete tief durch und versuchte es noch einmal.

»Pling«, machte in diesem Moment mein Handy. Ich fischte es aus meiner Manteltasche und sah, dass Jochen mir zwei Fotos geschickt hatte. Auf einem sah ich eine große Paellapfanne auf dem Herd stehen. Darunter der Text: »Jonas hat heute gekocht.« Auf dem anderen grinste

Lara, die gerade dabei war, Kleidung auf den Wäscheständer zu hängen, in die Kamera. »Läuft«, lautete der Kommentar dazu. Dahinter war ein hochgestreckter Daumen zu sehen.

Ich schluckte. Mir war klar, dass Jochen mir mit den Bildern eine Freude machen wollte. Aber leider erreichte er damit genau das Gegenteil. Die Fotos taten mir weh, weil sie mir wieder einmal vor Augen führten, wie wenig ich noch gebraucht wurde. Frustriert packte ich das Handy weg. Und auf die blöde Übung hatte ich auch keine Lust mehr. Hatte ja eh alles keinen Sinn …

Ich lief weiter und steckte die Hände in die Hosentaschen. Auf der rechten Seite spürte ich etwas Festes. Was war das? Überrascht beförderte ich das schwarze Schneckenhaus zutage, das ich an meinem ersten Morgen am Strand aufgehoben hatte. Ich hatte es völlig vergessen. Nun drehte ich es um und betrachtete die kaputte Unterseite, auf der ein Teil des Gehäuses abgesplittert war. »Ja, es ist nicht perfekt. Aber ist es deshalb weniger schön?«, fragte ich mich.

5. Tag

BEGREIFEN

Schon von Weitem konnte ich erkennen, dass Lene heute zwei tief zusammengebundene Zöpfe trug, die wir als Kinder Rattenschwänze genannt hatten. Ich musste schmunzeln. Nicht im Traum wäre ich auf die Idee gekommen, mir solche Zöpfe zu binden, da ich sie immer noch mit einer Kinderfrisur assoziierte. Doch Lene standen sie ausgezeichnet. Ihr bunt geringeltes Shirt und die weiße Leinenhose passten perfekt dazu. Sie erinnerte mich an eine rundliche Pippi Langstrumpf. Chili trippelte gemütlich neben ihr her, doch als sie mich erkannte, schoss sie mir sofort entgegen. Ich ging in die Hocke und streichelte sie.

»Na, Mädels, wo solls denn heute hingehen?«, sagte ich an beide gewandt, als Lene uns erreicht hatte.

»Lass dich überraschen«, antwortete Lene mit geheimnisvoller Mine. Dann marschierten wir los, beide mit Rucksäcken mit Proviant auf dem Rücken, so wie wir es tags zuvor am Leuchtturm besprochen hatten.

»Schau mal, da vorne«, sagte Lene, nachdem wir eine Weile gelaufen waren, und deutete auf eine kleine Ansammlung von Spielgeräten in der Ferne. »Wer zuerst da ist«, rief sie plötzlich und rannte los.

»Hey, das ist unfair, du hättest erst ›Auf die Plätze, fertig, los‹ sagen müssen«, protestierte ich und spurtete hinterher.

Ich war erstaunt, wie schnell und leichtfüßig Lene sich durch den Sand bewegte. Doch gegen Chili hatte sie keine Chance. Der kleine Hund überholte sie mit fliegenden Ohren.

Ich folgte beiden, gab aber kurz vor dem Ziel prustend auf.

»Ist die nicht toll?« Lene saß auf dem Brett einer überdimensional großen Schaukel, deren massives Metallgerüst sich mindestens drei Meter hoch in den Himmel erhob.

»Kann es sein, dass du ein kleines bisschen zu alt dafür bist?«, neckte ich sie grinsend.

»Höchstens zu breit.« Lene deutete auf ihren Po, der zwischen den Metallketten, die das Schaukelbrett hielten, eingequetscht war. »Zu alt ist man nie für Spaß.«

Sie deutete auf die Schaukel neben sich. »Mein rechter, rechter Platz ist frei.«

Ich hatte Sorge, dass auch mein Po nicht gut zwischen die Metallketten passen würde. »Ist das nicht unbequem?«, fragte ich deshalb skeptisch.

»Ein bisschen schon.« Lene grinste »Aber was solls? Wer nicht bereit ist, Kompromisse zu machen, läuft Gefahr, die schönen Dinge im Leben zu verpassen.« Sie wies wieder auf die freie Schaukel. »Komm schon!«

Ich konnte mich nicht daran erinnern, wann ich das letzte Mal auf einer Schaukel gesessen hatte. Auch als meine Kinder klein gewesen waren, hatte ich sie nur angestoßen, aber nie selbst geschaukelt. Zögernd setzte ich mich auf das Schaukelbrett neben Lene. Mein Po passte geradeso zwischen die Metallketten. Ich blickte nach oben. »Die ist ja irre hoch.«

»Genau deshalb liebe ich sie so. Früher, als ich klein war, hatten wir eine Schaukel bei uns im Garten. Ich habe stundenlang darauf gesessen und mir immer vorgestellt, dass ich hinauf in den Himmel fliegen würde. Als ich diese Schaukel vor ein paar Jahren zum ersten Mal gesehen habe, musste ich sie einfach ausprobieren. Sie ist grandios«, schwärmte Lene.

Auch ich hatte als Kind ähnliche Fantasien gehabt. Wie sehr hatte ich das Schaukeln damals geliebt. Warum hatte ich es seitdem nie wieder ausprobiert?

Lene begann neben mir zu schwingen. Höher und höher.

»Juhu«, jauchzte sie. »Mach mit!«, rief sie mir zu und jauchzte noch einmal.

»Nee«, rief ich zurück. Mir war das Ganze irgendwie peinlich.

»Ach komm schon! Hier ist doch niemand. Lass einfach los!«

Plötzlich fiel mir ein Spruch ein, den mir meine Grundschullehrerin in mein Poesiealbum geschrieben hatte: »Ein großer Mensch ist derjenige, der sein Kinderherz nicht verliert.« Damals wusste ich nicht, was diese Worte mir sagen sollten. Nun verstand ich sie. Und Lene schien genau das gelungen zu sein. Offenbar hatte sie sich ihr Kinderherz bewahrt. Ich bewunderte und beneidete sie.

»Okay«, dachte ich. Dann nahm ich Schwung und stach mit den Füßen in den Himmel. Spürte bei jeder Auf- und Abwärtsbewegung meinen Magen. Mein Herz pochte schneller. Anfangs aus Angst, dann vor Freude. Und dann tat ich es: »Juhuuuuuuu«, schrie ich, so laut ich konnte. Und gleich darauf noch einmal.

Nach einer Weile blickte ich zu Lene hinüber, die gerade wieder nach oben schwang. Kurz bevor die Schaukel den Höhepunkt erreichte, ließ sie los und sprang. Erschrocken hielt ich den Atem an.

Sie flog mindestens zwei Meter weit durch die Luft und landete dann mit einer eleganten Hocke im Sand. Dann stand sie auf und klatschte lachend den Sand von ihren Händen ab.

»Bist du verrückt? Du hättest dir alle Knochen brechen können«, schalt ich sie vorwurfsvoll, während ich meine Schaukel mühsam mit den Füßen zum Stehen brachte.

»Keine Sorge, ich mache das nicht zum ersten Mal«, beschwichtigte sie mich.

»Echt jetzt?«

»Ja. Ich mache das jede Woche.«

»Nicht dein Ernst!«

»Doch! Als ich hier das erste Mal geschaukelt habe, erinnerte ich mich daran, dass ich als Kind immer am obersten Punkt abgesprungen bin. Allerdings traute ich mich das nicht mehr und habe es nicht getan. Noch Tage später hat mich das gewurmt und ich habe mich gefragt »Warum ärgere ich mich so darüber?«. Und plötzlich beim Frühstück wurde mir dann etwas klar: Ich möchte nicht aus Angst heraus Dinge nicht tun, zu denen ich eigentlich fähig bin. Anschließend habe ich überlegt, was ich machen könnte, um mich wieder zu trauen, und habe beschlossen, einfach wieder zu üben und meine Sprunggelenke zu trainieren. Seitdem springe ich regelmäßig Springseil. Und komme jede Woche hierher. Anfangs bin ich aus einer sehr niedrigen Höhe abgesprungen. Und jedes Mal, wenn es sich sicher und gut anfühlte, bin ich eine Stufe weitergegangen.«

Lene schnappte sich ihren Rucksack, den sie in den Sand neben das Schaukelgestell gelegt hatte. »Wollen wir weiter?«

»Gerne«, antwortete ich und schulterte ebenfalls meinen Rucksack.

»Komm, Chili!« Lene pfiff auf den Fingen und der kleine Hund, der interessiert an einem Schaukeltier geschnuppert hatte, kam herbeigeflitzt. »Braves Mädchen.« Lene griff in ihre Hosentasche und beförderte eine kleine

Kugel zutage. Sie warf sie Chili zu, die das Leckerli aus der Luft schnappte und mit einem Happs verschlang.

»Auf gehts«, rief Lene fröhlich, und dann liefen wir los.

»Wusstest du eigentlich, dass wir unsere Zeit auch langsamer laufen lassen können«, fragte sie mich nach einer Weile.

»Wie meinst du das?« Ich sah sie rätselnd an.

»Denk einmal an deine Urlaube. Ist dir da schon mal aufgefallen, wie die Zeit verläuft?«

Ich dachte kurz nach. »Die ersten Tage vergehen ziemlich langsam, aber irgendwann fängt die Zeit an zu galoppieren und die zweite Woche vergeht viel schneller als die erste«, antwortete ich dann.

»Genau. Und weißt du auch, woran das liegt?«

»Um ehrlich zu sein, darüber habe ich mir noch nie Gedanken gemacht«, verneinte ich.

»Das Geheimnis verbirgt sich hinter dem Begriff Gewohnheit. In den ersten Tagen ist alles noch komplett neu. Du siehst alles zum ersten Mal: Das Hotel, dein Zimmer, den Pool, den Strand, den Speisesaal, das Büfett und so weiter. Deine Kanäle sind vollkommen offen. Du prägst dir die Wege ein, freust dich über die hübschen Blumen im Garten, suchst nach einem Platz am Pool, der dir besonders gut gefällt. Nach ein paar Tagen kennt dein Gehirn alles, hat Landkarten von den Wegen abgespeichert und es weiß, wo das Müsli am Frühstücksbüfett zu finden ist. Das Neue ist zum Bekannten geworden. Und da wir Menschen Gewohnheitstiere sind, neigen wir dazu, immer wieder den gleichen Abläufen zu folgen: Du gehst also die gleichen Wege entlang, legst dich immer in die gleiche Ecke am Pool, isst morgens stets ähnliche Dinge zum Frühstück. Du nimmst deine Umgebung kaum noch bewusst wahr. Es ist so, als würdest du auf Schienen fahren.«

»Stimmt«, bestätigte ich nickend. »So laufen unsere Urlaube tatsächlich meistens ab. Die einzige Abwechslung sind die Ausflüge, die wir machen.«

»An sich ist nichts Schlimmes dabei«, wandte Lene ein. »Wir entwickeln diese Routinen, weil sich unser Gehirn auf diese Weise nicht mehr so anstrengen muss. Nur leider hat dies den unschönen Nebeneffekt, dass die Tage kaum noch unterscheidbar sind. Und so geht es den meisten auch im Alltag. Sie haben häufig ähnliche Abläufe. Sie fahren täglich denselben Weg zur Arbeit, führen dort ähnliche Tätigkeiten aus, essen in der Kantine immer wieder die gleichen Gerichte, gehen im selben Supermarkt einkaufen, spielen montags abends Tennis, gehen mittwochs abends zum Yoga. Sie haben zwei, drei Lieblingsrestaurants, in denen sie meist die gleichen Gerichte bestellen, eine Lieblingseisdiele, in der sie die gleichen Eissorten essen, Lieblingswanderwege, die sie regelmäßig mit dem Hund laufen, Lieblingsurlaubsziele, wo sie immer wieder in den gleichen Hotels wohnen, und so weiter. Wer so lebt, bei dem rast irgendwann die Zeit.

Weil die Tage, Wochen, Monate und Jahre kaum unterscheidbar voneinander sind. Sie verschwimmen zu einer großen Alltagsmasse.«

»Verrückt«, sagte ich überrascht. »Das war mir gar nicht bewusst.«

»Mir auch nicht«, erwiderte Lene. »Bis ich einen Artikel darüber gelesen habe, wie wir langsamer älter werden können. Darin hieß es, man solle diesen Trott unterbrechen. Sooft es geht, etwas Neues ausprobieren. Morgens hin und wieder woanders parken und einen unbekannten Weg zur Arbeit gehen. Oder eine Haltestelle früher aus dem Bus aussteigen. In der eigenen Stadt gelegentlich neue Viertel kennenlernen. Beim Einkaufen in unterschiedliche Geschäfte gehen. Neue Rezepte beim Kochen ausprobieren. Jedes Mal in ein anderes Restaurant gehen. Oder im Lieblingsrestaurant neue Gerichte bestellen. Es gibt sehr viele Möglichkeiten, um die eigenen Gewohnheiten zu durchbrechen.«

»Klingt nach einer guten Idee«, stimmte ich zu. »Jetzt verstehe ich auch, warum die Kindheit und Jugend viel langsamer vergehen als die Zeit danach. Weil wir in diesen Lebensphasen viel mehr Neues erleben.«

»Genau.« Lene nickte. »Wenn wir jung sind, müssen wir so vieles lernen, uns so vieles einprägen. Und wir erleben ständig erste Male: das erste Mal alleine rutschen, das erste Mal Eis essen, das erste Mal einen Berg erklimmen, das erste Mal fliegen. Der erste Kuss, die erste Demo, der erste Job, das erste Kind. Nach und nach stellen sich immer mehr Gewohnheiten im Alltag ein. Wir haben uns im Job etabliert, leben in einer Wohnung, in der wir bleiben wollen, besitzen einen festen Freundeskreis und so weiter. Ab dann müssen wir uns weitere erste Male ganz bewusst schaffen.«

Ich dachte nach. Auch mein Leben verlief stets in den gleichen Bahnen. Ich arbeitete seit 20 Jahren in der gleichen Firma, war seit 19 Jahren verheiratet, wohnte seit 16 Jahren in der gleichen Wohnung. Meine Tage und Wochen liefen meist nach dem gleichen Muster ab und unterschieden sich kaum. Als die Kinder noch klein gewesen waren, hatte ich mit ihren Augen die Welt ein zweites Mal neu entdeckt. Aber nun machten sie ihre neuen Erfahrungen meist ohne mich. Und mein Leben plätscherte im ewig gleichen Trott dahin. »Wann habe ich zuletzt etwas zum ersten Mal gemacht?«, fragte ich mich.

Inzwischen waren wir fast zwei Stunden unterwegs. Die Sonne hatte den Zenit bereits überschritten und ich spürte, dass meine Beine immer müder wurden. Das Laufen durch den weichen Sand war deutlich anstrengender als auf Asphalt oder einem festen Waldboden. Auch Chili wirkte nicht mehr so munter wie zu Beginn unserer Wanderung und trottete gemächlich neben Lene her. Nur ab und zu schoss sie los, wenn ihr kleines Schnäuzchen etwas Interessantes zu wittern schien, doch schon nach ein paar Metern verlor sie ihren Erkundungsdrang und kam gemächlich wedelnd zu uns zurück.

»Hey, meine Süße.« Lene ging in die Hocke und streichelte Chilis Köpfchen. »Gleich haben wir es geschafft.« Sie nahm ihren Rucksack von den Schultern, kramte ein Metallschälchen und eine Flasche heraus und füllte die Schale mit Wasser. Begierig schlabberte der kleine Hund das erfrischende Nass.

»Ich bin auch kurz vor dem Verdursten«, sagte ich und nahm meinen Rucksack ab. Dann griff ich nach der Flasche, die noch halb voll war, und leerte sie mit großen Zügen. Ich spürte das angenehme Prickeln in meiner Kehle und hatte das Gefühl, Schluck für Schluck neue Energie zu tanken. »Ah«, seufzte ich, nachdem ich die Flasche abgesetzt hatte. »Das hat verdammt gutgetan.« Zum Glück hatte ich noch eine zweite Flasche für den Rückweg dabei. Lene hatte mir empfohlen, ausreichend Wasser für unseren Ausflug mitzunehmen.

Chili hatte die Schale inzwischen leer getrunken. Lene schüttelte sie aus, steckte sie samt Flasche wieder ein und schulterte den Rucksack. Als auch ich meine Sachen verstaut und den Rucksack aufgesetzt hatte, setzten wir uns erneut in Bewegung.

»Was ist denn das da hinten?«, fragte ich kurz darauf und deutete nach vorne. Am Horizont war ein dunkler Fleck aufgetaucht. Irgendetwas schien dort am Strand zu liegen.

»Das ist unser Ziel.«

»Was ist das?«

»Lass dich überraschen!« Schweigend liefen wir weiter. Je näher wir kamen, desto mehr nahm der dunkle Fleck Konturen an.

»Das ist ja ein Schiff«, rief ich nach einer Weile überrascht aus. »Warum liegt es hier auf dem Strand?«

»Es ist ein Wrack«, erwiderte Lene. »Vor einigen Jahren ist es bei einem heftigen Sturm auf den Strand geworfen worden. Und da die Bergung zu teuer war, hat man es liegen lassen. Inzwischen ist es ein beliebtes Ausflugsziel. Aber da man so weit laufen muss, verirren sich in der Nebensaison nur wenige Menschen hierher.«

Auch Chili hatte das Wrack inzwischen gesichtet und spurtete erfreut los, um das große, dunkle Etwas zu erkunden.

»Wow, spannend«, sagte ich begeistert und beschleunigte ebenfalls meine Schritte. Wracks hatten in den

Abenteuerfantasien meiner Kindheit eine wichtige Rolle gespielt. Doch bisher hatte ich noch nie ein echtes zu Gesicht bekommen. Je näher wir kamen, desto mehr wuchs das Schiff in die Höhe und Breite. Bis wir endlich vor einem etwa 15 Meter langen Zweimaster standen. Vom Segeltuch waren nur noch ein paar Fetzen übrig, die traurig im Wind flatterten. Einer der beiden Masten war abgeknickt. Chili beschnupperte neugierig den Bug. Vermutlich suchte sie Spuren von Meerestieren oder Markierungen ihrer Artgenossen.

Ich ging um das Wrack herum und betrachtete es genau. Die dunkelblaue Farbe an der Außenwand war überwiegend abgeblättert. Darunter kam dunkelbraunes Holz zum Vorschein, das offensichtlich schon recht morsch war und moderig roch. Farbreste deuteten darauf hin, dass die Kajüte oben an Deck wohl früher weiß gewesen war. Das Schiff war schmal gebaut und machte einen eleganten Eindruck. Ich schloss die Augen und stellte mir vor, wie es einst über das Wasser geglitten war. Hart am Wind, die weißen Segel aufgebläht. Schnell, erhaben und stolz. Ich öffnete die Augen und sah wieder das Wrack, wie es vor mir lag. Alt, morsch, glanzlos.

Der Anblick machte mich traurig.

»Alles okay?«, fragte Lene.

Ich nickte.

»Komm, wir setzen uns dort drüben hin«, schlug sie vor.

Wir ließen uns ein paar Meter vom Wrack entfernt im Sand nieder. Chili kam angelaufen und schnupperte sanft an meiner Hand.

»Was ist denn los?« Lenes grüne Augen sahen mich aufmerksam an.

»Irgendetwas ist gerade kurz in mir aufgeblitzt. Etwas, das mich berührt hat.«

»Was denn?«

»Um ehrlich zu sein, ich weiß es nicht genau.«

»Überleg noch mal. Vielleicht könnte es wichtig sein.«

Ich schloss die Augen, sah wieder das stolze Schiff dahingleiten. Sah, wie die Gischt am Bug aufspritzte und weiße Möwen über den Masten kreisten. Dann öffnete ich die Augen und betrachtete das Wrack: ein Schiff, das immer mehr verfiel und keine Funktion mehr besaß.

Plötzlich hatte ich das Gefühl, mich selbst zu sehen. »Ich bin wie dieses Wrack«, stellte ich mit belegter Stimme fest. »Ich bin alt. Und ich werde nicht mehr gebraucht.«

»Wie kommst du darauf?«, hakte Lene nach.

»Meine Familie kommt super ohne mich zurecht.« Ich kramte mein Handy aus meinem Rucksack und zeigte Lene die Fotos, die Jochen mir gestern geschickt hatte. Die Paella, die Jonas gekocht hatte, und Lara beim Wäscheaufhängen.

Lene lächelte verständnisvoll. »Ja, ich weiß, das kann manchmal ganz schön wehtun, wenn die Kinder anfangen, ihre eigenen Wege zu gehen. Aber nur, weil du jetzt weniger gebraucht wirst, heißt das doch lange noch nicht, dass du überflüssig bist. Sieh es mal so: Diese Bilder zeigen, dass du deine Kinder gut auf den Weg gebracht und zu selbstständigen Menschen erzogen hast, die gut im Leben zurechtkommen.«

Lenes Worte trösteten mich ein wenig. »Danke. Das so zu betrachten, fühlt sich gleich viel besser an«, sagte ich und rang mir ein Lächeln ab.

»Gibt es denn keine anderen Dinge in deinem Leben, mit denen du diese Lücke schließen kannst? Wie sieht es mit Hobbys aus und was ist mit deinem Job?«

»Ach, ich arbeite schon seit vielen Jahren in der gleichen Firma. Ich kenne alle Abläufe, komme gut mit den Kollegen klar. Aber wirklich glücklich macht mich meine Arbeit nicht. Und richtige Hobbys habe ich keine. Wenn ich mal Zeit habe, treffe ich mich gerne mit Freundinnen auf einen Kaffee oder ich lese.«

»Gibt es vielleicht irgendetwas, das du gerne mal tun würdest? Etwas, wofür du richtig brennst?«

Ich betrachtete das Wrack und dachte nach. »Nein«, sagte ich traurig. »Da ist nichts.«

»Und wie war das früher? Was hattest du da für Träume?«

Ich legte mich in den Sand und blickte zum Himmel. Die Wolke über mir wies eine ungewöhnliche, längliche Form auf und erinnerte mich an eine Rakete. »Ich mochte

Kinder schon immer gerne. Als Jugendliche habe ich mir mein Taschengeld mit Babysitten verdient und später war ich Gruppenleiterin bei den Pfadfindern. Deshalb wollte ich nach dem Abi unbedingt Hebamme werden.«

»Und wieso ist nichts daraus geworden?«, fragte Lene interessiert.

»Meine Eltern haben mich davon abgebracht.«

»Warum?«

»Sie wussten, dass ich mir eigene Kinder wünschte und meinten, dieser Job sei überhaupt nicht familienfreundlich, weil man nie regelmäßige Arbeitszeiten hat. Und weil ich gut in Mathe war, haben sie mich schließlich dazu überredet, BWL zu studieren.«

»Und hast du das je bereut?«

»Mhm«, brummte ich nachdenklich. »Nicht wirklich. Ich fand BWL zwar ziemlich langweilig, aber das Studium fiel mir nicht schwer. Außerdem habe ich direkt am ersten Tag meine Freundin Isa kennengelernt. Wir waren ständig auf Partys unterwegs. Und ich habe meinen Studentenjob in einer Cocktailbar geliebt. Es war eine ziemlich wilde Zeit damals«, berichtete ich und musste lächeln, als ich an die verrückten Schlagerpartys in der Mensa dachte.

»Und dann?«

»Habe ich nach dem Studium in der Buchhaltung einer großen Holzverarbeitungsfirma angefangen und da sitze ich heute noch.«

»Klingt nicht sehr begeistert«, bemerkte Lene. »Hast du denn nie echte Leidenschaft für deinen Job empfunden?«

»Nein«, gab ich nach kurzem Überlegen zu. »Eigentlich war er immer mehr Mittel zum Zweck. Aber früher hat mich das nicht gestört. Als die Kinder noch kleiner waren, war ich eher froh darüber, dass mich meine Arbeit nicht zu sehr forderte. Der Alltag war ohnehin schon so stressig ...«

»Und stört es dich jetzt?«

»Ich weiß nicht ... Vor zwei Jahren habe ich auf eine Beförderung gehofft, aber dann hat meine jüngere Kollegin den Posten bekommen. Damals habe ich über einen Jobwechsel nachgedacht.«

»Und warum ist nichts daraus geworden?«

»Ich bin Mitte vierzig. Mich will doch eh keiner mehr.«

»Oh, hast du viele Absagen bekommen?« Lene sah mich mitfühlend an.

»Eine«, gestand ich.

»Nur eine?« Lene hob erstaunt die Augenbrauen.

»Ach, diese Absage hat mir ganz schön zugesetzt – obwohl sie freundlich formuliert war«, gab ich zu. »Aber ich kann nun mal nicht gut mit Ablehnung umgehen. Deshalb habe ich mich gefragt, ob ich noch mehr solcher Enttäuschungen erleben möchte. Außerdem ist mir klar geworden, dass mit einem neuen Job einiges auch komplizierter werden würde. Bei meiner jetzigen Arbeit kann ich mit dem Fahrrad ins Büro fahren, mir meine Stunden frei einteilen, ich weiß, was zu tun ist ... Das ist ja auch was wert. Deshalb habe ich es letztlich gelassen.«

Lene rieb sich nachdenklich das Kinn. »Verstehe«, murmelte sie. »Hattest du früher noch andere Träume?«

»Ich wollte reisen, die Welt sehen«, erwiderte ich, ohne lange zu überlegen. »Direkt nach dem Abi habe ich mir mit meiner Schulfreundin ein Interrailticket gekauft und wir sind drei Monate lang quer durch Europa gefahren. Wir haben an Stränden, unter Brücken und auf fremden Matratzen geschlafen. Ich habe mich nie wieder so frei gefühlt. Das war eine der schönsten Zeiten meines Lebens ...«, sagte ich seufzend. Die Wolken waren weitergezogen und aus der Rakete hatte sich inzwischen eine lang gezogene Sichel gebildet.

»Und was ist aus deinen Reiseplänen geworden?«

»Da kam das Leben dazwischen: Erst das Studium, damals hatte ich nicht genug Geld. Dann Jochen, der wollte lieber Hotelurlaub machen. Und zuletzt die Kinder – mit denen war das Thema Backpackerurlaub endgültig hinfällig.«

»Aber die sind doch jetzt groß genug, da müsste das eigentlich gehen«, warf Lene ein.

»Die haben aber keine Lust dazu. Jonas fährt schon seit zwei Jahren nicht mehr mit uns mit, sondern verreist lieber gemeinsam mit seinen Kumpels mit einer Jugendgruppe, und Lara möchte, wie Jochen, lieber ins Hotel.«

»Und wie wäre es, wenn du dich einer Gruppe anschließt oder alleine fährst?«, schlug Lene vor.

»Nee«, ich schüttelte den Kopf. »Das ist nichts für mich.«

»Hast du es denn schon mal ausprobiert?«

»Nein«, wieder schüttelte ich den Kopf.

»Woher willst du dann wissen, dass es nichts für dich ist?«

Darauf fiel mir keine Antwort ein.

Lene stand auf und ging zum Wrack hinüber. Mit langsamen Schritten umkreiste sie das Segelschiff und machte dabei eine nachdenkliche Miene. »Weißt du was?«, sagte sie dann und kam wieder zu mir zurück. »Nach all dem, was du mir gerade erzählt hast, habe ich das Gefühl, dass dein Vergleich mit dem Wrack nicht wirklich passt. Du bist nicht gestrandet und auch nicht deiner Funktion beraubt, denn du hast nach wie vor viele Aufgaben und wirst außerdem noch gebraucht. Ich glaube, dein Problem liegt woanders.«

Erstaunt sah ich Lene an. »Und was ist deiner Meinung nach das Problem?«

»Ich glaube, du bist ein Schiff, das früher in seiner Jugend gerne aufs Meer hinausgefahren und auf Entdeckungsreise gegangen ist. Als der Alltag dann stürmisch und die See rau wurde, bist du, um dich zu schützen, im Hafen eingelaufen. Das hat sich eine Zeit lang sicher und gut angefühlt. Doch nun schaukelst du dort schon eine ganze Weile hin und her und traust dich nicht mehr hinaus, weil du nicht weißt, wohin du fahren sollst. Du hast kein Ziel mehr, das du ansteuern willst. Außerdem hast du Angst davor, dass es wieder stürmisch werden könnte. Deshalb bleibst du lieber im sicheren Hafen.«

Ich hatte Lene aufmerksam zugehört und konnte es kaum fassen. Jedes ihrer Worte entsprach der Wahrheit. »Du hast recht«, antwortete ich tonlos und spürte, dass meine Augen feucht wurden.

Lene setzte sich wieder neben mich.

»Glaub mir«, fuhr sie fort, während sie ihre Hand auf meine legte, »so geht es sehr vielen Menschen. Unser Leben ist stetig im Wandel und es ist anstrengend und kraftzehrend, immer damit Schritt zu halten. Deshalb richten sich die meisten irgendwann in ihrer Komfortzone ein und hoffen, dass sich alles, was nicht gut läuft, irgendwann von selbst regelt. Dass das Glück eines Tages an ihre Tür klopft und sagt: ›Hallo, hier bin ich wieder.‹ Aber so funktioniert das Leben leider nicht. Ein kluger Mann hat einmal gesagt:

> »DIE REINSTE FORM DES WAHNSINNS IST ES, ALLES BEIM ALTEN ZU BELASSEN UND GLEICHZEITIG ZU HOFFEN, DASS SICH ETWAS ÄNDERT.«

Und dieser Mann hieß Albert Einstein.«

»Puh«, sagte ich, nachdem ich die Worte kurz hatte sacken lassen. »Ich schätze, ich bin in den letzten Jahren ziemlich wahnsinnig gewesen.«

Lene lächelte mich aufmunternd an. »Es ist nie zu spät, um etwas zu verändern.«

»Aber ich traue mich nicht«, murmelte ich leise.

»Das verstehe ich.« Lenes grüne Augen hatten einen mitfühlenden Ausdruck. »Aber es ist viel leichter, als du denkst. Du brauchst nur ein neues Ziel, etwas, wofür es sich lohnt, den Hafen zu verlassen. Und wofür du bereit bist, den ein oder anderen Sturm in Kauf zu nehmen. Ein Ziel, das deinem Leben wieder mehr Sinn gibt.«

»Mehr Sinn«, wiederholte ich ihre letzten Worte. Aber wo sollte ich den finden?

6. Tag

IRGENDWANN IST JETZT

Ich blinzelte. Das Tageslicht fiel bereits durch die Schlitze des Rollos und zeichnete helle Lichtpunkte auf den Boden. Ich schloss die Augen wieder und rollte mich auf die andere Seite. Für einen kurzen Moment gelang es mir, in meinen Traum zurückzukehren. Ich sah Jochen am Strand, der einen bunten Lenkdrachen durch den strahlend blauen Himmel dirigierte, und meine Kinder, die noch klein waren und unerklärlicherweise Piratenkostüme trugen. Dann verschwanden die Bilder. Ich blinzelte erneut und öffnete die Augen. Mein Blick fiel auf meine Sneakers, die ich am vorigen Abend unter dem runden Tisch, der meinem Bett gegenüberstand, abgestellt hatte.

Bei ihrem Anblick kam mir die Wanderung zum Wrack wieder in den Sinn. Ich musste daran denken, wie anstrengend es gewesen war, stundenlang durch den Sand zu stapfen, und wie erschöpft ich am Abend in mein Bett gesunken war. Aber es war eine schöne Anstrengung gewesen. Eine, die mir gutgetan hatte. Ich überlegte, wann ich mich das letzte Mal mit echter Begeisterung so verausgabt hatte. All die Jahre lang war Sport für mich immer nur Mittel zum Zweck gewesen.

Bauch, Beine, Po, Pilates, Zumba, Zirkeltraining, Body Workout, Walking – es gab kaum eine Trendsportart, die ich nicht ausprobiert hatte, um meine überflüssigen Pfunde loszuwerden. Zu Hause in unserem Keller verstaubte das Spinning-Rad, das mir Jochen letztes Jahr zu Weihnachten geschenkt hatte, neben dem Rudergerät, das ich schon seit fünf Jahren nicht mehr angerührt hatte und längst im Internet hätte verkaufen wollen. Ich besaß diverse Yoga-DVDs, Hanteln unterschiedlicher Größe sowie Fitnessbänder mit unterschiedlicher Stärke. Alle Versuche waren kläglich gescheitert, weil mir schon nach wenigen Wochen die Puste ausgegangen war. Ich hatte bisher immer gedacht, es läge daran, dass ich keinen sportlichen Drang besaß. Aber nun dämmerte mir, dass ich vielleicht die falsche Motivation gehabt hatte. Ich hatte nie Sport gemacht, um Spaß zu haben. Der Wunsch war nie aus mir selbst herausgekommen. Es war nie ein »Ich will«, sondern immer ein »Ich muss« gewesen.

Das Gleiche galt für meine kläglichen Joggingversuche mit Anfang zwanzig. Isa hatte die Sportart damals gerade für sich entdeckt und war ganz begeistert.

»Komm doch mal mit«, ermunterte sie mich. »Das macht echt Spaß. Außerdem kann man toll Kalorien dabei verbrennen.« Das war das Stichwort für mich, weil ich gerade wieder in einer Phase steckte, in er ich mit meiner Figur haderte. Daraufhin legte ich mir ein günstiges, aber modernes Joggingoutfit zu und lief gemeinsam mit Isa los. Isa, die schon geübt und im Gegensatz zu mir eine Sportskanone war, lief relativ schnell und ich versuchte, mit ihr Schritt zu halten. Nach fünf Minuten blieb ich keuchend mit Seitenstechen am Wegesrand stehen. Zwei Mal versuchte ich es noch mit einem ähnlich schlechten Ergebnis, danach blieben die Joggingklamotten im Schrank, bis ich sie beim Auszug aus meiner Studentenbude im Sack für die Kleidersammlung entsorgte.

»Wie wäre es wohl gewesen, wenn ich damals mit einer anderen Motivation gestartet wäre?«, fragte ich mich nun. »Wenn ich versucht hätte, Spaß am Laufen zu haben und meinen eigenen Rhythmus zu finden, anstatt darauf abzuzielen, mit Isa Schritt zu halten? Wäre dann vielleicht eine Joggerin aus mir geworden?«

»Vielleicht versuche ich es irgendwann noch mal«, dachte ich. Dann schloss ich meine Augen und rollte mich auf die andere Seite, in der Hoffnung, noch einmal wegdösen zu können.

»Irgendwann ist jetzt«, tönte es plötzlich in meinem Kopf. Kurz musste ich überlegen, woher dieser Satz kam. Dann fiel es mir wieder ein: Es war eine Textzeile aus einem Song, den mir meine Musikstream-App vor ein paar Tagen vorgeschlagen hatte. Die Melodie hatte mir auf Anhieb gefallen, weil sie gute Laune machte, und auch der Text war schon. Er handelte davon, dass wir ständig Dinge im Leben auf später verschieben – mit der Idee, sie irgendwann einmal zu tun. Was natürlich überwiegend nicht passiert.

Wenn ich jetzt nicht joggen ging, würde auch diese Idee wahrscheinlich im Leichenkeller der guten, aber nie umgesetzten Vorsätze landen.

Ich setzte mich auf, schlug die Decke zurück und schwang die Füße aus dem Bett. Zehn Minuten später zog ich die Haustür der Pension hinter mir zu. Ich würde es versuchen. Ganz langsam. Nur für mich. Nicht um abzunehmen, sondern um herauszufinden, wie lange ich es schaffte, in meinem Tempo. Und ob es mir vielleicht doch Spaß machen konnte.

Ich zog mein Handy aus der Jackentasche, öffnete die App, suchte kurz und drückte dann auf Start. Als der Refrain »Irgendwann ist jetzt« aus meinen Kopfhörern erklang, hatte ich die ersten Meter bereits zurückgelegt.

*

Ganz langsam, mit kleinen tippelnden Schritten, lief ich oben auf der Promenade entlang. Unter mir das Meer, das heute vollkommen glatt dalag, so als sei es müde und müsse ein paar Stunden ruhen. Zwei Mal überholten mich Spaziergänger, aber ich ließ mich nicht beirren. Stattdessen konzentrierte ich mich auf meine Atmung, versuchte, sie gleichmäßig zu halten. Und ließ mich von den Klängen der Musik tragen. Ich spürte, wie das Blut in meinen Wangen zirkulierte und ein feuchter Film sich zwischen meine Kopfhaut und den Haaransatz legte, bemerkte, dass das Shirt unter meinen Achseln nass wurde. Nach etwa zehn Minuten schwand meine Kraft. Die Beine wurden schwerer, die Muskelfasern in den Oberschenkeln begannen zu brennen, mein Atem wurde schneller. Das war der Moment, in dem ich beschloss aufzuhören. Ich ging noch ein paar Meter, hob die Arme, atmete tief ein und ließ anschließend den gesamten Oberkörper beim Ausatmen nach vorne sinken. Dann blieb ich stehen und schloss die Augen.

Plötzlich war es da: ein sanftes Prickeln auf meiner Haut. Eine angenehme Leere in meinem Kopf. Eine Leichtigkeit, die sich anfühlte wie der Rausch nach den ersten Schlucken Sekt. Etwas, das ich schon lange nicht mehr gespürt hatte und das sich unfassbar gut anfühlte. Als mir klar wurde, was es war, musste ich unwillkürlich lächeln. Zufriedenheit.

*

Immer noch berauscht streifte ich die verschwitzten Klamotten ab und legte sie über den Korbsessel in meinem Zimmer. Ich wollte gerade ins Bad unter die Dusche verschwinden, als mir mein nacktes Ebenbild aus dem weiß gerahmten Wandspiegel entgegenblickte. Ich trat näher und betrachtete mich: mein rotes, verschwitztes Gesicht, die strubbeligen Haare, die leicht gebräunte Haut. Die nicht mehr ganz so straffen Brüste, die Röllchen an der Taille, die breiten Oberschenkel, die schlanken Waden.

»Mami, du bist so schön«, schlich sich ein Satz in meine Erinnerung. Vor vielen Jahren, Jonas war vielleicht drei oder vier gewesen, hatte ich nackt, so wie jetzt, vor dem Spiegel gestanden und frustriert meine Figur betrachtet. Jonas war ins Zimmer gekommen, hatte mich von oben bis unten gemustert und dann diesen Satz gesagt. Es hatte mich zutiefst gerührt. Plötzlich musste ich an den berühmten Spruch von Antoine de Saint-Exupéry aus dem Buch ›Der kleine Prinz‹ denken: »Man sieht nur mit dem Herzen gut. Das Wesentliche ist für die Augen unsichtbar.« Jonas hatte damals keine einzelnen Körperteile gesehen, sondern das Ganze. Den Menschen, der sich aus unzähligen Elementen zusammensetzte. Seine Mami, die mit ihm unter dem Bett nach Monstern suchte, wenn er Angst hatte, die ihn im Arm wiegte, wenn er sich die Knie aufgeschürft hatte, die im ganzen Gesicht verschmiert war, nachdem er sie beim Schokokuss-Wettessen mit verschränkten Armen auf dem Rücken besiegt hatte. Er sah den Menschen, den er liebte. Vielleicht konnte ich das auch lernen?

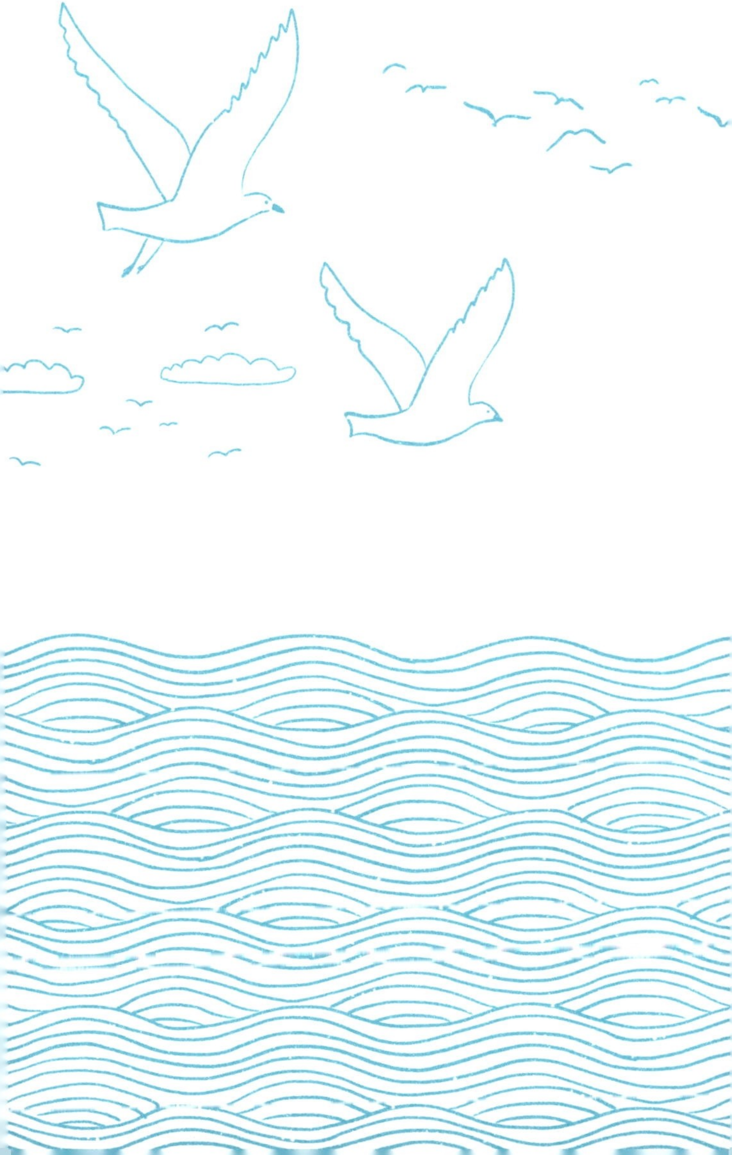

7. Tag

FREISCHWIMMEN

Es pochte an meiner Tür. Überrascht sah ich von dem Buch auf meinem Schoß auf. »Ja, bitte?«

»Ich bins«, drang Lenes Stimme dumpf durch die Tür. »Darf ich reinkommen?«

»Klar«, antwortete ich und schloss schnell meinen obersten Hosenknopf, den ich zuvor aufgemacht hatte, weil mich die Jeans am Bauch kniff.

»Hallo.« Lene streckte ihren Kopf zur Türe herein. »Störe ich?«

»Nein, gar nicht. Schön, dich zu sehen!«

»Hübsch hast du es hier.« Sie sah sich um. In diesem Moment fiel mein Blick auf die Flasche. Ob Lene sie wiedererkennen würde? Sie war immer noch leer. Die Botschaft steckte nun in der Gesäßtasche meiner Hose. Ich wusste selbst nicht genau warum, aber auf diese Art und Weise enttarnt zu werden, wäre mir unangenehm gewesen. Doch Lene schien die Flasche nicht bemerkt zu haben. »Ich wollte mal sehen, wo du steckst, nachdem ich dich gestern und heute Morgen nicht bei meinen Spaziergängen getroffen habe. Lust auf einen kleinen Ausflug? Chili wartet schon unten.«

»Eigentlich wollte ich das hier noch fertig lesen«, sagte

ich und deutete auf das Buch auf meinem Schoß. »Es ist gerade so spannend.«

»Ach komm schon, das hat doch Zeit. Draußen ist so herrliches Wetter, vielleicht der letzte Sommertag in diesem Jahr. Da habe ich spontan beschlossen, blauzumachen und mein Lädchen zugesperrt.«

»Was ist denn das für eine Arbeitsmoral?«, neckte ich Lene mit gespielter Entrüstung.

»Genau die richtige«, konterte sie lachend. »Los, komm schon, lass mich nicht im Stich!«

Als wir vor die Tür der Pension traten, begrüßte uns Chili mit fröhlichem Kläffen. Lene hatte sie an einer Laterne angebunden. Sie machte sie los und steuerte auf einen Fahrradständer zu. Dann öffnete sie das Schloss eines roten Damenrads, auf dessen Gepäckträger ein großer geschlossener Korb befestigt war. »Kleine Radtour gefällig?«

»Ich hab doch gar kein Rad«, wendete ich ein.

»Doch, du kannst das hier nehmen.« Sie deutete auf ein weißes Hollandrad. »Es gehört Rita, deiner Wirtin – alles schon geklärt! Hiermit kannst du es aufschließen.« Sie warf mir einen kleinen Schlüssel zu.

»Wirklich?«, antwortete ich, während ich danach schnappte. »Das ist ja eine tolle Idee.« Ich löste das Schloss und folgte Lene, die sich bereits auf ihr Rad geschwungen hatte. Chili flitzte begeistert neben ihr her, so schnell ihre kleinen Beinchen sie tragen konnten. »Herrlich, nicht wahr?«, rief Lene mir über die Schulter zu, als wir bereits ein paar Meter durch die Dünen gefahren waren. »Ich dachte, ich zeige dir heute mal meinen absoluten Lieblingsplatz.«

»Klingt gut«, erwiderte ich und trat fest in die Pedale. Die Sonne stand schräg am strahlend blauen Himmel und brachte mich ordentlich ins Schwitzen. Der Wind war sanfter als an den Tagen zuvor, ein laues Lüftchen, das nur wenig Abkühlung bot. Bald lag das letzte Haus hinter uns und ich genoss die Fahrt durch die unberührte Natur. »Gleich sind wir da«, rief Lene mir zu, nachdem wir etwa dreißig Minuten geradelt waren. Chili thronte schon seit einer ganzen Weile im Körbchen vor ihrem Lenker. Kurz darauf hielt Lene an und stieg vom Rad. »Hier lang«, sagte sie, als wir unsere Räder abgeschlossen hatten. Erst in diesem Moment entdeckte ich den kleinen Trampelpfad, der durch das hohe Dünengras führte. Ich folgte Lene, die den Korb, der eben noch auf ihrem Gepäckträger geklemmt hatte, über der Schulter trug. Chili flitzte mal wieder voraus. Wir liefen ein paar Meter bergan. Schritt für Schritt wurde der Himmel weiter und schließlich gaben die hügeligen Dünen und das hohe Gras einen Zipfel blaues Meer frei. Ich blieb stehen und genoss den Anblick – diese Ahnung von etwas Schönem, das bereits vorhanden war und auf mich wartete, wenn ich bereit war, noch ein paar Schritte weiterzugehen. Dann stapfte ich durch den feinen, weichen Sand und sah zu, wie die Lücke wuchs und das Meer immer breiter wurde, bis es mir schließlich oben am Dünenkamm komplett zu Füßen lag. Die Sonnenstrahlen glitzerten auf dem Wasser wie unzählige Diamanten. Weit in der Ferne zog ein großes Schiff dahin. Der Strand unter mir war menschenleer. Nur Chili und Lene, die bereits die Düne hinabliefen und ein paar Möwen, die auf dem Wasser schaukelten, waren die einzigen Lebewesen weit und breit. Plötzlich hatte ich das Verlangen, einfach loszurennen. Für den Bruchteil einer Sekunde zögerte ich noch, dann gab ich dem Gefühl nach: Ich spürte den Schwung, den der Abhang mir verlieh, tauchte mit den Füßen tief in den Sand ein, fühlte, wie die kleinen Körnchen unter meinen Füßen wegstoben. Ich rannte an Lene und Chili vorbei und kam erst an der Wasserkante zum Stehen. Der kleine Hund kam fröhlich bellend angelaufen und umtanzte meine Beine.

»Was war das denn?« fragte Lene grinsend, als sie mich erreicht hatte und stellte ihren Korb in den Sand.

»Lebensfreude«, lachte ich ziemlich außer Atem. »Mensch, ist mir jetzt heiß.«

»Perfekt!« Lene klatschte in die Hände »Dann gehen wir schwimmen.«

»Wie jetzt?« Irritiert sah ich sie an. »Ich habe doch gar keinen Bikini dabei.«

Lene lachte. »Was meinst du wohl, warum ich dich an den entlegensten Zipfel der Insel entführt habe? Hier kommt fast nie jemand vorbei. Und wenn doch, sind wir schon längst im Wasser und niemand sieht, dass wir nackt sind.«

»Du willst nackt baden gehen?«, fragte ich verblüfft.

»Ja klar. Warum nicht? Hast du das noch nie gemacht?«

»Nein«, entgegnete ich kopfschüttelnd. Nackt zu sein war ein Zustand, in dem ich mich seit meiner Zeit als Teenagerin nicht mehr wohlfühlte. Für mich alleine war es okay, aber schon das gemeinsame Umziehen mit den Klassenkameradinnen in der Umkleidekabine hatte ich als unangenehm empfunden. Isa hatte mich in den letzten Jahren ein paar Mal dazu überredet, mit ihr in die Sauna zu gehen, aber richtig entspannen konnte ich mich dort nicht. Ich hatte immer das Gefühl, dass mich die fremden Blicke abschätzig musterten, und war stets froh gewesen, wenn ich mich wieder in meinen Bademantel hüllen konnte. Niemals wäre ich auf die Idee gekommen, nackt baden zu gehen, geschweige denn, mich an einem FKK-Strand zu sonnen.

»Na, dann wirds ja mal Zeit«, befand Lene und begann, ihre Bluse aufzuknöpfen. »Jetzt schau nicht so ängstlich. Es fühlt sich großartig an, ehrlich. Schau, ich habe auch Handtücher dabei.« Lene griff in den großen Korb und förderte zwei große, sonnengelbe Handtücher zutage.

Plötzlich kam mir wieder das brennende Floß in den Sinn.

Wollte ich das Alte nicht hinter mir lassen und endlich etwas ändern?

Ich schloss die Augen und versuchte, das aufsteigende Schamgefühl gedanklich auf ein neues Floß zu setzen und hinaus aufs Meer zu schicken. Dann atmete ich noch mal tief durch, öffnete die Augen und sagte: »Okay.«

Lene stand inzwischen nackt vor mir und hatte mir den Rücken zugewandt. »Na, dann los!«, rief sie und rannte dem Wasser entgegen. Chili sprang freudig kläffend neben ihr her. Fasziniert beobachtete ich die beiden. Lenes Pobacken wackelten auf und ab und auch ihre kräftigen Oberschenkel gerieten in Schwingung. Aber der Anblick war weder peinlich noch hässlich. Vielmehr sah es so aus, als würden die vielen kleinen Pölsterchen an ihrem Körper einen rhythmischen Tanz vollführen. Ein Bild mit einer ganz eigenen Ästhetik.

Ich sah nach links und rechts, um mich zu vergewissern, dass niemand kam. Dann streifte ich mein T-Shirt über meinen Kopf, zog Hose, BH und Slip aus und atmete noch einmal tief durch. Nun gab es kein Zurück mehr. Ich lief los, fühlte den Sand unter meinen Füßen und bemerkte, wie meine Brüste bei jedem Schritt auf und ab wippten. Endlich erreichte ich das Wasser. Kalt spritzte es an meinen Waden hoch. Für den Bruchteil einer Sekunde spürte ich den Impuls zu stoppen. Doch das hätte bedeutet, nackt auf freier Fläche zu stehen. Das schreckte mich mehr als das kalte Wasser. Ich lief weiter, spürte das Nass an meine Oberschenkel klatschen und sprang dann mit einem flachen Hechtsprung in die Fluten. In dem Moment, als das Wasser über meinem Kopf zusammenschlug, hatte ich das Gefühl, die Kälte würde meine Atmung lähmen. Ich tauchte wieder auf und rang nach Luft. Doch im gleichen Moment musste ich lachen. Das Ganze fühlte sich völlig verrückt an. Zu kalt. Zu nass. Zu nackt. Gar nicht nach mir. Und genau das gefiel mir. Endlich etwas Neues. Etwas anderes. Kein Alltag, keine Routine. Endlich mal wieder ein erstes Mal.

»Alles gut?«, prustete Lene, die etwa drei Meter entfernt von mir auftauchte.

»Puh, ist das kalt!«, rief ich zurück. »Aber ich finde es herrlich!« Übermütig ließ ich mich rückwärts ins Wasser plumpsen. Ich öffnete die Augen, sah die vielen kleinen Luftbläschen um mich herum aufsteigen und spürte meinen Körper. Er war leicht und das Wasser umspielte meine Haut auf angenehme Weise. Es war schön, keinen nassen Bikini zu tragen. Schon ein wenig an die Temperatur gewöhnt, kam es mir viel weniger kalt vor. Als ich wieder auftauchte, sah ich Lene ein Stück weiter hinten mit Chili im Wasser spielen. Der kleine Hund schwamm gekonnt neben ihr. Lene strahlte über das ganze Gesicht. »Wie schön sie ist«, dachte ich.

»Ich geh wieder raus!«, rief Lene, deren Rücken schon nicht mehr von Wasser bedeckt war, und drehte sich zu mir um. Und da sah ich es. Dort, wo eigentlich Lenes linke Brust hätte sein müssen, war nichts! Außer einer großen, langen Narbe. Sie winkte mir zu und ging dann zurück zu unseren Handtüchern.

Ich war wie betäubt. Hatte ich das wirklich gesehen oder hatte ich mich nur getäuscht? Mit Kleidung sah Lene immer völlig normal aus. Nie im Leben wäre ich auf die Idee gekommen, dass ihr vielleicht eine Brust fehlen könnte. Wieder sprang ich kopfüber in die Fluten, diesmal mit dem Ziel, mich neu zu sortieren. Hatte Lene gewusst, dass ich ihren nackten Oberkörper sehen konnte? Oder hatte sie sich mir nur aus Versehen so gezeigt? Was war geschehen? Wann hatte sie ihre Brust verloren? War sie noch krank oder inzwischen wieder gesund? Als ich wieder auftauchte, saß Lene in ihr Handtuch gehüllt auf einer Decke. Wie sollte ich nun mit der Situation umgehen?

Inzwischen war mir richtig kalt und ich hatte genug vom Wasser. Ich vergewisserte mich, dass niemand in der

Nähe war, kreuzte die Arme vor meiner Brust und lief zu Lene, traute mich aber nicht, sie richtig anzusehen.

»Mensch, du hast ja gut durchgehalten«, sagte sie anerkennend und hielt mir ein Handtuch entgegen. »Na, wie fandest du es?«

Statt einer Antwort grinste ich nur und schüttelte die Haare, so wie Chili, wenn sie aus dem Wasser kam.

Lene quiekte »Kaum lässt man dich mal von der Leine, schon wirst du übermütig«.

Ich trocknete mir das Gesicht ab, rubbelte einmal schnell durchs Haar und schlang mir das Handtuch um den Körper. Dann ließ ich mich neben Lene nieder.

»Du kannst ruhig fragen«, meinte sie, nachdem wir einen Moment lang still nebeneinandergesessen und aufs Meer hinausgesehen hatten.

»Was ist passiert?«

Lene griff nach ihrer Handtasche und kramte darin herum. Dann zog sie ihre Brieftasche heraus und öffnete sie. Aus einem hinteren Fach fischte sie ein Foto hervor. »Schau mal«, sagte sie und reichte es mir.

Eine attraktive schlanke Frau Ende dreißig sah mir auf dem Bild entgegen. Sie trug einen dunkelblauen Bleistiftrock mit weißer Bluse und einen passenden Blazer dazu. Sie war dezent geschminkt, hatte dunkelbraunes Haar und strahlte eine unglaubliche Souveränität aus.

»Das bist ja du«, bemerkte ich überrascht.

»Ja und nein.« Lene sah Richtung Horizont. »Die Frau

auf dem Bild dort hat sich immer bemüht, eine andere zu sein. Die Frau, die ich heute bin, ist dankbar dafür, sie selbst zu sein.«

Langsam dämmerte mir, dass alles, worüber wir bisher gesprochen hatten, viel mehr mit Lene zu tun hatte, als es mir bewusst gewesen war.

»Bitte erzähle mir etwas mehr darüber«, bat ich.

»Das Foto ist ungefähr fünfzehn Jahre alt. Damals war ich Marketingchefin in einer großen Firma mit zirka 5000 MitarbeiterInnen, wohnte in einem schicken Loft in einer großen Stadt, hatte ein teures Auto und bin vier Mal in der Woche ins Fitnessstudio gegangen. Ich habe eisern auf mein Gewicht geachtet und mir alle sechs Monate Botox in die Stirn spritzen lassen. Abends, wenn ich nach Hause kam, war ich oft zu müde und erschöpft, um noch etwas zu unternehmen oder Freunde zu treffen. Dann habe ich mir eine Flasche Wein aufgemacht, mich vor den Fernseher gesetzt, und am nächsten Tag ging alles wieder von vorne los.«

Lene machte eine kurze Pause und kraulte Chili, die zwischen uns lag, hinter den Ohren.

»Dann, vor zehn Jahren – damals war ich ungefähr so alt, wie du heute bist – hat mein Frauenarzt beim jährlichen Routinecheck auf einmal einen Knoten in meiner linken Brust entdeckt. Es war ein Schock. Niemand in meiner Familie hatte Krebs. Deshalb war ich immer überzeugt, dass auch ich keinen bekommen würde. Der Arzt hat eine Mammografie gemacht, eine Gewebeprobe entnommen und mich nach Hause geschickt. Die Tage, in denen ich auf das Ergebnis gewartet habe, waren schlimm. Ich konnte nichts mehr essen, nicht mehr schlafen und habe innerhalb von zwei Tagen drei Kilo abgenommen. Damals habe ich zum ersten Mal begriffen, was für ein Geschenk Essen und Genuss eigentlich ist. Dann kam die Diagnose: Brustkrebs. Es war sofort klar, dass die linke Brust abgenommen werden musste. Und auch, dass eine Chemotherapie nötig war.«

»Das tut mir leid«, murmelte ich voller Mitgefühl.

»Ja, es war schrecklich. Plötzlich war alles, was mir bis dahin selbstverständlich erschien, infrage gestellt. Ich wusste nicht, ob ich den Krebs besiegen und wie viel Zeit mir noch bleiben würde.«

Wieder machte sie eine Pause.

Auch ich schwieg. Ich wusste, dass Lene weitersprechen würde, wenn sie es für richtig hielt.

»Am Abend vor der OP habe ich mich vor den Spiegel gestellt und mich betrachtet: Meine Brüste, die ich immer hässlich gefunden hatte, weil sie nicht so groß und rund waren, wie diejenigen, die man immer in Zeitschriften sieht. Meinen Körper, den ich so oft beim Sport getriezt und dem ich so viel Genuss versagt hatte. Und der jetzt abgemagert war, weil ich vor lauter Angst und Sorge nichts mehr essen konnte. Meine glatte Botoxstirn, ein Zeichen meiner Weigerung, älter zu werden. Und meine Haare, Wimpern und Augenbrauen, die ich auch nie wirklich schön gefunden hatte und nun schon bald durch die Chemo verlieren würde. Ich sah meinen Körper, der mich so viele Jahre lang gesund durchs Leben getragen hatte, dem ich aber nie dankbar dafür gewesen war. Stattdessen hatte ich ihn bekämpft und häufig wie einen Feind behandelt. In diesem Moment habe ich mir geschworen: ›Wenn ich das hier überlebe, will ich lernen, mich selbst zu lieben.‹«

Lene sah mich an. Ihren grünen Augen schimmerten feucht.

»Aber warum hast du …?« Ich stockte, weil ich mich nicht traute, den Satz zu vollenden.

»Warum ich mir die Brust nicht wieder habe aufbauen lassen?«, vollendete Lene meinen Gedanken.

Ich nickte.

»Zunächst wollte ich das natürlich. Alles war bereits geplant: Ich wollte mir ein Implantat einsetzen lassen. Und damit sich die neue Brust nicht von der alten unterschied, wäre die gesunde Brust angeglichen worden. Dann hätte ich zum ersten Mal im Leben einen schönen, runden Busen gehabt, von dem ich so viele Jahre lang geträumt hatte. Aber je näher der Termin heranrückte, umso mehr spürte ich, dass es sich irgendwie falsch anfühlte. Ich habe mich immer wieder nackt vor den Spiegel gestellt und mich angesehen. Und drei Tage vor der OP wusste ich auf einmal, dass ich es nicht machen wollte.«

Lene zog eine Wasserflasche und zwei Becher aus ihrem Korb, füllte die Becher auf und reichte mir einen. Wir tranken beide, dann sprach sie weiter.

»Mir war klar, dass diese Narbe nun ein Teil von mir war. Ein Teil, den ich nicht mehr leugnen wollte. Und dass ich meine eigene Brust nicht mehr verändern wollte. Deshalb habe ich beschlossen, die Narbe zu behalten und stolz darauf zu sein. Und sie mir jeden Tag anzusehen, voller Dankbarkeit. Denn diese Narbe erinnert mich an das Allerwichtigste. Dass ich leben darf. Dass jeder Tag wertvoll ist. Dass ich wertvoll bin. Genau so, wie ich bin.«

Ich verstand sie. Und gleichzeitig verspürte ich eine tiefe Sehnsucht, eines Tages ähnlich empfinden zu können.

»Tagsüber trage ich eine Prothese«, fuhr Lene fort. »Das finde ich völlig okay. Ich muss das nicht mit allen da draußen teilen. Diese Entscheidung war sehr persönlich. Ich habe sie nur für mich getroffen.«

Jetzt hatte ich Gänsehaut und betrachtete meinen Arm, auf dem sich die kleinen Härchen hochgestellt hatten. Chili hob ihr Köpfchen und sah mich fragend an. Ich streichelte sie und sah schweigend Richtung Meer. Auch Lene schwieg und blickte in die Ferne.

»Wie bist du eigentlich hier auf die Insel gekommen?«, fragte ich nach einer Weile.

»Ach, weißt du«, antwortete Lene, den Blick immer

noch Richtung Horizont gewandt, »ich kann nicht sagen, dass mein altes Leben ein Fehler war. Mein Job hat mir lange Zeit großen Spaß gemacht und mich erfüllt. Es war toll, die Karriereleiter so weit nach oben zu klettern. Ich mochte es, viel Verantwortung zu tragen, große Kampagnen zu leiten, und ich habe auch sehr gerne Menschen geführt. Auch mein luxuriöser Lebensstil hat mich eine ganze Weile lang glücklich gemacht. Aber irgendwann ist das gekippt. Da fühlte sich alles wie eine Endlosschleife an, die mich immer mehr ermüdet hat. Selbst die nächste teure Uhr oder Handtasche, die ich mir gekauft habe, konnte daran nichts ändern. Durch meine Krankheit wurde mir bewusst, dass mir irgendwann der Sinn abhandengekommen war.« Lene sah mich an und lächelte. »Ich war ein Schiff, das kein Ziel mehr hatte. Und das schon eine ganze Weile lang im Hafen hin- und herschaukelte und sich nicht mehr aufs offene Meer hinauswagte.«

Ich lächelte zurück. »Aber dann bist du doch auf Reisen gegangen.«

»Ja.« Lene nickte. »Ich wollte nicht mehr zwölf Stunden lang am Tag im Büro sitzen, sondern lieber draußen in der Natur sein. Außerdem wollte ich mein Leben nicht mehr damit verbringen, irgendwelche Marketingstrategien für Produkte zu entwickeln, die niemand wirklich braucht. Stattdessen wollte ich lieber etwas mit meinen eigenen Händen erschaffen. Dinge, die anderen Menschen Freude machen und auf die ich selbst stolz sein kann. Ich bin dann hier auf diese Insel gefahren, um mir den Kopf ein bisschen freipusten zu lassen und über alles nachzudenken. Und dann bin ich bei einem Spaziergang zufällig dem Ornithologieprofessor begegnet, der sein Haus verkaufen wollte … Den Rest kennst du ja.«

Ich betrachtete Lene von der Seite. Sie sah so anders aus als die Frau auf dem Foto. Weicher, zufriedener. »Bist du bei dir angekommen?«, fragte ich dann.

»Was denkst du?«, gab sie die Frage zurück.

»Ich finde, du wirkst sehr glücklich.«

»Das bin ich auch.« Lene breitete ihre Arme aus: »Ich liebe diese Insel, mein kleines Lädchen und ich mag die Menschen hier. Und ganz besonders mag ich meinen kleinen Schatz.« Lene strich Chili zärtlich über das Köpfchen. »Ich brauche nicht mehr viel zum Leben, vor allem keine teuren Statussymbole. Stattdessen spare ich mein Geld lieber, um zu verreisen. Alle paar Monate mache ich mein Lädchen zu und erkunde einen anderen Ort dieser wunderschönen Welt.«

»Das klingt toll«, sagte ich.

»Ich mag auch meinen Körper«, fuhr Lene fort. »Ich brauche heute keine Bikinifigur mehr und mir ist völlig egal, ob ich Winkeärmchen habe. Für mich sind inzwischen andere Dinge viel wichtiger: Ich trainiere meine Muskeln, damit ich später keinen Rollator brauche. Ich stärke meinen Beckenboden, damit ich nicht irgendwann die Kontrolle über meine Blase verliere, und ich versuche, beweglich zu bleiben, damit ich auch mit 90 noch in der Lage bin, mir die Schnürbänder selbst zuzubinden. Ich kann zwar nicht verhindern, *dass* ich älter werde, aber ich habe einen Einfluss darauf, *wie* ich älter werde«, fügte sie hinzu. »Und ich kann jedem einzelnen Tag mehr Leben geben, um es mit den Worten von Cicely Saunders, der Begründerin der modernen Hospizbewegung, zu sagen. Deshalb versuche ich, jeden Tag möglichst viele Dinge zu tun, die mich zufrieden und glücklich machen. Trotzdem weiß ich, dass es auch in meinem Leben wieder dunklere Tage geben kann.« Lene lächelte vielsagend. »Schließlich sitzen wir alle auf einer Wippe.«

»Auf einer Wippe?« Ich sah sie fragend an.

»Ja, so einer, auf der wir als Kinder immer das Spiel ›Wie viele Tage willst du oben bleiben?‹ gespielt haben. Kennst du das?«

»Klar«, erwiderte ich. »Aber was hat eine Wippe mit unserem Leben zu tun?«

»Also«, sagte Lene und strich sich eine nasse Haarsträhne hinters Ohr, »ich stelle mir das immer so vor: Wir sitzen auf einer Wippe und unser Leben sitzt auf der anderen Seite.« Mit dem Zeigefinger malte sie eine waagerechte Linie in den Sand, die in der Mitte auf einem Dreieck lag. Auf beide Enden der Linie zeichnete sie einen kleinen Kringel. »In Phasen, in denen alles gut läuft, gelingt es uns, die Balance zu halten. Die Wippe schwankt nur sacht nach oben und unten. Dann gibt es die wunderbaren Momente, in denen uns das Leben nach ganz oben katapultiert.« Sie wischte die waagerechte Linie weg und malte stattdessen eine schräge. Ein Kringel kam nach oben, der andere nach unten. »Wir schweben in der Luft, unsere Füße baumeln locker. Wir fühlen uns leicht und beschwingt, die Welt liegt uns zu Füßen. Wir haben unser Zentrum verlassen und tanken positive Energie.« Wieder wischte sie die Linie weg und malte eine schräge mit zwei Kringeln, diesmal aber genau umgekehrt. »Und dann gibt es auch Phasen, in denen uns das Leben auf den Boden prallen lässt. Manchmal so, dass uns der Gummireifen unter der Wippe noch abfedern kann. Manchmal aber auch mit voller Wucht. Dann hocken wir da unten«, sie deutete auf den Kringel am Boden, »spüren unser ganzes Gewicht und wissen nicht, wo wir die Kraft und Leichtigkeit hernehmen sollen, um wieder in die

Mitte, geschweige denn nach ganz oben zu kommen. Niemand ist davor gefeit, unten auf dem Boden zu landen. Denn es gibt immer wieder neue Entwicklungen und Wendungen, die uns die Balance nehmen können.« Nun malte sie ein Stück oberhalb der Wippe ein paar kleine Sterne in den Sand. »Wenn ich ganz unten bin und nach oben schaue, sehe ich zwar den schwarzen Himmel, aber auch die Sterne, die mir entgegenleuchten. Sie erinnern mich daran, was ich über mich und das Leben gelernt habe, und zeigen mir, dass es auch in der dunkelsten Stunde noch Licht gibt. An ihnen kann ich mich orientieren, um wieder in Balance zu kommen.«

Ich betrachtete die Wippe im Sand mit den Sternen darüber und ließ mir noch einmal alles durch den Kopf gehen, worüber wir in den letzten Minuten gesprochen hatten. Lene hatte dem Tod ins Auge geblickt und daraufhin ihr ganzes Leben umgekrempelt. Denn jeder einzelne Tag zählte. Es gab nur das JETZT. Alles andere war ungewiss. Und doch gingen wir Menschen mit unserem Leben oft so um, als hätten wir noch ewig Zeit. Verplemperten kostbare Momente mit Hadern über Dinge, die wir nicht ändern konnten, oder begaben uns in eine Opferrolle. Dabei hatten wir so vieles selbst in der Hand.

»Du, Lene«, sagte ich leise »ich muss dir was gestehen.«
»Was denn?« Lene hob fragend die Augenbrauen.
»Die Reise hierher war auch eine Art Flucht.«

»Eine Flucht?« Lenes Gesicht nahm einen besorgten Ausdruck an.

»Nichts Schlimmes«, beschwichtigte ich. »Ich werde übermorgen 45.«

»Oh«, stieß Lene überrascht aus.

»Weißt du«, fuhr ich fort, »die 39 hat mich damals in eine echte Depression gestürzt. Seitdem habe ich keinen einzigen Geburtstag mehr gefeiert. Ich wollte den Tag hier mit Isa gemeinsam dezent übergehen und versuchen, gar nicht daran zu denken.«

»Wie schade.« Lene sah mich traurig an. »Da hast du viele schöne Momente verpasst.«

»Ja«, antwortete ich mit echtem Bedauern. »Seit ich hier auf der Insel bin, ist mir einiges klar geworden. Ich kann jetzt vieles aus einem anderen Blickwinkel betrachten. Aber das war mir in den letzten Jahren nicht möglich. Und dabei war ich früher eine richtige Partynudel …«

»Wie hättest du denn deinen Vierzigsten gerne gefeiert?«

»Mhm«, brummte ich. »Darüber habe ich nie nachgedacht.«

»Hättest du jetzt Lust dazu?«

»Okay«, willigte ich ein und schloss die Augen.

»Ich hätte gerne einen schönen Raum gemietet. Hell mit großen Fenstern. Und bunt beleuchtet, mit kleinen Lampions, Kerzen und Lichterketten. Natürlich hätte es ein Büfett gegeben. Lachs- und Avocado-Häppchen, Krabben- und Obstsalat in kleinen Gläschen, Mousse au Chocolat. Kleine Canapés mit allem, was ich liebe, die man einfach mal so zwischendurch essen kann. Und eine riesige Schüssel mit dem klassischen Nudelsalat aus den Achtzigern, mit Fleischwurst und Erbsen, den heute keiner mehr macht, weil er nicht mehr hip genug ist. Aber das wäre mir egal gewesen, denn ich liebe ihn. Außerdem hätte der Raum eine gut bestückte Bar gehabt und dann hätte ich einen Barkeeper engagiert, der Cocktails für alle gemixt hätte. Und ab und zu hätte ich mich dazugestellt und so wie früher selbst ein paar Drinks gemixt. Aber das Wichtigste wäre die Musik gewesen. Ich hätte so gerne eine Party gefeiert, bei der alle richtig abgerockt hätten. Mit Liedern aus meiner Jugend und aktuellen Songs, die ich auf meiner Playlist gespeichert habe. Und dann hätte ich getanzt. Wild und hemmungslos, bis zum Morgengrauen.« Mir war so, als könnte ich den cremigsüßen Kokos-Ananas-Geschmack der Piña Colada auf meiner Zunge schmecken und meine vom Tanzen erhitzten Wangen spüren.

Als ich die Augen öffnete, war die Vision weg. An ihre Stelle trat ein zarter, ziehender Schmerz in meinem Brustraum. Warum hatte ich mich nicht gefeiert? Warum war ich nicht froh und dankbar darüber gewesen, dass mir ein weiteres, gesundes Jahr geschenkt worden war?

Plötzlich kam mir ein Wort in den Sinn, das mittlerweile kaum noch jemand benutzte. Töricht. Genau das traf es. Töricht war ich gewesen. Statt zu feiern, hatte ich mich lediglich auf den Alltag konzentriert, hatte gearbeitet, gekocht, aufgeräumt und dabei viele schöne Glücksmomente verpasst, die mir nun als Erinnerungen ein schönes, warmes Gefühl hätten schenken können. Ich seufzte und beschloss, in Zukunft nicht mehr töricht zu sein.

Laut gähnend klappte ich das Buch zu, in dem ich gerade gelesen hatte, und legte es auf den Nachttisch neben meinem Bett. Meine Augen waren mir bei den letzten Sätzen fast zugefallen und mein ganzer Körper wurde von einer wohligen Schwere umhüllt. Zufrieden seufzend drückte ich auf den Schalter des kleinen Nachtlichts. Der Raum glitt ins Dunkle und ich kuschelte mich unter die leichte Sommerdecke. Durch das Rollo, das ich einen Spalt aufgelassen hatte, damit frische Luft durch das gekippte Fenster hereinströmen konnte, fiel das silbrige Licht des Mondes. Während mein Körper entspannt Richtung Schlaf sank, tauchten vereinzelte Bilder des heutigen Nachmittags in meinem Kopf auf. Wasserbläschen, die um mich herumtanzten. Lenes Narbe. Das Foto aus ihrem früheren Leben.

»Pling.« Erschrocken fuhr ich hoch. Offenbar hatte ich vergessen, mein Handy auszuschalten. Ich griff zum Nachttisch und tastete danach. Als der Bildschirm in meiner Hand aufleuchtete, sah ich, dass Jochen geschrieben hatte. »Vermisse Dich! Schlaf gut.« Rotes Herz. Kuss-Smiley.

Ich spürte den Stich in meinem Herz. Den Stich, der seit drei Jahren immer präsent war, wenn ich an Jochen dachte. Manchmal nur schwach und unterschwellig, oft aber so intensiv, dass es wehtat. Und mit ihm kamen all die Selbstzweifel in mir hoch.

Eigentlich waren Jochen und ich viele Jahre lang ein gutes Paar gewesen. Es gab wenig Streit und wir fühlten uns beide mit dem Leben, das wir uns aufgebaut hatten, wohl. Das hatte ich zumindest immer angenommen. Bis zu dem Tag, an dem er mir nach einer Dienstreise beichtete, dass er fremdgegangen war. Er stand mit gesenktem Blick vor mir, rieb nervös mit Daumen und Zeigefinger an seinem Kinn und stammelte, dass er mir etwas Wichtiges sagen müsse. Fragmente der Szene, die sich dann abspielte, brannten sich für immer in meinem Gehirn ein. Die blau-weiß gestreifte Krawatte, auf die ich starrte, während er immer wieder beteuerte, es täte ihm leid. Das Rumpeln des Müllautos, das vor unserem Haus die blauen Papiertonnen leerte und wie ein Echo durch meinen Kopf dröhnte, während ich versuchte zu begreifen, was Jochen gerade sagte. Der Geruch von frischem Toast, der noch in der Luft hing, weil wir eben erst gefrühstückt hatten. Das Gefühl von Taubheit in meinen Fingern. Der Rest verschwand hinter einem diffusen Nebel. Mein Kopf bemühte sich, die Situation zu erfassen. Mir war so, als würde ich von außen eine Filmszene betrachten, die ich schon zigmal gesehen hatte. Ein Paar. Er, der Betrüger. Sie, die Betrogene. Er zerknirscht. Sie geschockt. Und dann diese schrecklichen klischeehaften Sätze: »Es war ein Ausrutscher.«, »Es kommt nie wieder vor.«, »Es hatte nichts mit dir zu tun.« Es war so abgeschmackt. So schlecht. Und leider so real.

Der Schmerz kam erst ein paar Stunden später, als Jochen schon längst wieder mit seiner gestreiften Krawatte im Büro irgendwo bei ihr saß und ich heulend auf unserem Ehebett lag. Dem Ort, der nun all seine Vertrautheit verloren hatte. Irgendwann raffte ich wütend seine Bettwäsche zusammen und schmiss sie in unser Gästezimmer. Vier Monate später kehrte Jochen, mit seinem Bettzeug unterm Arm, wieder ins Schlafzimmer zurück. Doch die alte Vertrautheit blieb draußen. Wenn wir miteinander schliefen, war statt ihrer nun immer die Angst gegenwärtig: »Meint er auch wirklich mich?«

Ich hatte Jochens Fremdgehen immer auf mich bezogen. War überzeugt gewesen, dass es an mir gelegen hatte.

Dass er mich nicht mehr attraktiv genug fand. Nicht mehr begehrenswert. Dass er mich nicht mehr liebte. Doch entsprach das wirklich der Wahrheit?

Jochen hatte damals selbst in einer Krise gesteckt. Er hatte Probleme mit seinem Chef und spülte seinen Ärger fast jeden Abend mit mehreren Gläsern Rotwein hinunter. Außerdem war er frustriert, weil er wegen seiner Knieprobleme aus der Tennismannschaft ausscheiden musste. Vielleicht hatte er sich an diesem besagten Abend einfach einmal wieder jung und unbeschwert fühlen wollen. Hatte all seine Sorgen im Alkohol ertränkt und dann war eines zum anderen gekommen? Vielleicht hatte es wirklich nichts mit mir zu tun gehabt, sondern vielmehr mit ihm und seinem angekratzten Ego?

Jochen hätte sich auch für die andere entscheiden und gehen können. Aber er war geblieben – und kämpfte seitdem um unsere Beziehung. Welchen anderen Grund, als dass er mich liebte, sollte es dafür geben?

Was hatte Lene noch mal gesagt, bevor ich das Floß zu Wasser gelassen hatte?

Wenn man etwas im Leben verändern will, dann ist es wichtig, erst einmal das Alte loszulassen. Denn solange du das nicht tust, ist deine Vergangenheit wie ein dickes Tau, das dich festhält und auf der Stelle treten lässt. Nur wenn du es durchtrennst, kannst du nach vorne gehen.

Wenn ich Jochen und mir wirklich eine Chance geben wollte, musste ich die Zweifel hinter mir lassen. Mich wieder öffnen. Vertrauen. Und meine Gefühle zulassen.

»Ich liebe dich!«, schrieb ich und betrachtete die drei Worte, die ich seit drei Jahren nicht mehr zu ihm gesagt hatte, noch einen Moment lang. Dann drückte ich auf Senden.

8. Tag
GENUSS

»Bitte schön, Ihr Damengedeck.« Ein junges Mädchen mit pinkem Bob, Nasenpiercing, rotem Schottenrock und halbhohen Dr. Martens stellte einen Teller und ein Schnapsgläschen auf das kleine Brett neben mich. Dann ging sie kerzengerade, mit straffen Schultern und schwingender Hüfte wieder davon. Mein Blick folgte ihr, bis sie in dem niedrigen Blockhaus mit den großen Panoramafenstern verschwunden war. Es war beeindruckend, mit welcher Selbstsicherheit sie offenbar durchs Leben ging. Als ich in dem Alter war, hätte ich solche modischen Experimente nicht gewagt. Ich erinnerte mich daran, dass ich damals überwiegend Levis 501-Jeans und weite T-Shirts trug, auf denen groß der Schriftzug irgendeines Modelabels prangte – die Uniform der damaligen Zeit –, um ja nicht aus der Herde meiner KlassenkameradInnen herauszustechen. Und dass meine Schultern meist schüchtern nach vorne geklappt waren, in der Hoffnung, mich so ein wenig in mir selbst verstecken zu können.

Weiter kam ich in meinen Gedanken nicht, weil mir köstlicher Vanilleduft in die Nase stieg. Also wandte ich mich der Belgischen Waffel zu, die goldgelb gebräunt auf meinem Teller lag.

Ich nahm sie in die Hand, lehnte mich in meinem Strandkorb zurück und schloss die Augen. Ich spürte die Sonne auf meinem Gesicht, sog noch einmal den herrlichen Duft ein und biss in die Waffel. Der Teig war noch warm, und sofort entfaltete sich das süße Aroma des karamellisierten Zuckers auf meiner Zunge. Ich kaute langsam und genüsslich und konzentrierte mich auf den Geschmack, dann öffnete ich die Augen, legte die Waffel auf den Teller zurück und griff nach dem kleinen Schnapsgläschen, das danebenstand. Ich nippte daran und spürte das cremig-süße Aroma des Eierlikörs, gepaart mit der Schärfe des hochprozentigen Alkohols.

»Mhmmm«, brummte ich genießerisch. Dann musste ich grinsen. Ganz schön unerhört, was ich hier tat. Zumindest in den Augen meines bisherigen Ichs. Aber bislang bereute ich es kein bisschen.

Vor drei Tagen beim Frühstück – ich hatte gerade in meinen Möhrenstick gebissen – hatte ich mich gefragt, wann das mit den Gewichtsproblemen eigentlich bei mir angefangen hatte. Ich überlegte, wie ich als Kind und Teenagerin gegessen hatte. Was bei uns zu Hause auf den Tisch gekommen war, wie meine Eltern und mein Umfeld mit dem Thema Essen umgegangen waren. Seitdem tauchte das Thema Essen immer wieder in meinem Kopf auf. Ich dachte über die zig Diäten nach, die ich in den letzten Jahren gemacht hatte, fragte mich, in welchen Phasen meines Lebens ich schlank gewesen und wann mein Gewicht jeweils wieder außer Kontrolle geraten war. Außerdem überlegte ich, wann und wie ich in den letzten Jahren zu Hause und bei der Arbeit gegessen hatte.

Nach und nach wurde mir so manches klar: Meine Gewichtsprobleme hatten mit etwa elf Jahren begonnen. Mit dem Wechsel aufs Gymnasium. Ich war ein sehr schüchternes Kind und es gelang mir nicht, in der neuen Klasse richtig Fuß zu fassen. Ich konnte keine echte Herzensfreundin finden und hatte Angst vor Frank, einem aggressiven Jungen, der schwächere Kinder gerne zum Opfer seiner Wut machte. Er schubste mich auf dem Flur, wenn wir den Klassenraum wechselten, sagte, dass ich doof und hässlich sei, nahm mir meine Buntstifte weg und zerbrach sie oder warf meinen Farbkasten aus dem Fenster. Es war schwer, diesen Schikanen standzuhalten. Was mir dabei half, waren die Schokoriegel, die ich mir regelmäßig am Schulkiosk kaufte und zusätzlich zu meinem Pausenbrot verdrückte. Süß und köstlich spendeten sie mir Trost. Ebenso wie die dampfenden Schalen mit Kartoffeln und Braten, die mittags auf unserem Esstisch standen. Anfangs freuten sich meine Eltern noch über meinen gesunden Appetit. Aber schon nach ein paar Wochen versuchten sie, mich zu bremsen. »Schatz, das reicht jetzt, du wirst sonst dick.«

Doch warum war Essen überhaupt zu meinem Trostspender geworden? Wahrscheinlich, weil mich meine Eltern – ohne es zu wollen – darauf konditioniert hatten. Wenn ich als kleines Kind auf die Knie gefallen war und sie bluteten, hatte mich meine Mutter immer in den Arm genommen und liebevoll getröstet. Sobald meine Tränen versiegt waren, reinigte sie die Wunde, pustete sanft darauf und versorgte sie mit einem Pflaster. Und dann nahm sie ein Stück Schokolade und legte es darauf. »Das ist ein Trostpflaster, damit es nicht mehr so wehtut«, sagte sie, streichelte mir übers Haar und gab mir einen Kuss. Und tatsächlich, sobald die Schokolade auf meiner Zunge schmolz, war der Schmerz wie weggeblasen. So waren Schmerz, Zucker und Trost eng miteinander in meinem Gehirn verknüpft. Doch Süßigkeiten waren in meiner Kindheit nicht nur Trost, sondern auch Belohnung. Wenn ich meine Mutter in den Supermarkt begleitete und brav, ohne zu quengeln, im Einkaufswagen ausharrte, durfte ich mir am Ende eine kleine Süßigkeit aussuchen. Später in der Grundschule bekam ich für eine Eins ein Überraschungsei. Ein gutes Zeugnis wurde mit einem Besuch in der Eisdiele gefeiert, wo ich mir den größten Eisbecher bestellen durfte.

Es war faszinierend, wie konsequent ich dieses Muster aus Trost und Belohnung in den weiteren Jahren meines Lebens fortgeführt hatte – ohne mir dessen bewusst zu sein. Mit 14 machte ich meine erste Diät, um mir mit 15, beim ersten Liebeskummer, wieder gehörigen Trostspeck anzufuttern. Und so ging es all die Jahre weiter. In Phasen, in denen alles gut lief, gelang es mir, mein Wunschgewicht zu halten, das ich mithilfe einer Diät herbeigehungert hatte. In Phasen, in denen Kummer oder Stress die Oberhand gewannen, kämpfte ich mit den Pfunden. Dann fand ich mich so hässlich und verachtete mich so sehr, dass noch eine weitere Komponente dazukam: Essen als Bestrafung. Manchmal, wenn ich mehr Schokolade genascht hatte, als ich mir eigentlich zugestehen wollte, überfiel mich ein regelrechter Selbsthass. Dann stopfte ich Unmengen an Süßigkeiten in mich hinein, während ich mich im Kopf mit Sätzen wie »Jetzt ist es auch egal, du blöde, fette Sau« beschimpfte. Mehrfach hatte ich sogar den Gedanken, mich über die Kloschüssel zu beugen und mir den Zeigefinger tief in den Hals zu stecken. Doch zum Glück siegte zumindest in diesem Punkt immer die Vernunft.

Während ich in den vergangenen Tagen intensiv über mein Essverhalten nachdachte, wurde mir zudem bewusst, dass Schlanksein bei uns zu Hause immer ein wichtiges Thema gewesen war. Obwohl meine Mutter schlank und attraktiv war, haderte sie immer mit ihrem Gewicht. Beim Mittagessen aß sie nur winzige Portionen, beim Kaffeetrinken verzichtete sie auf den Kuchen. Mein Vater, selbst ein schlanker Mann, neckte sie gerne mit einem Klaps auf den Hintern und dem Kommentar: »Hier hast du aber ordentlich zugelegt.«

Als ich zunahm, verpasste er mir den Spitznamen

»Speckröllchen«. Und wenn wir unterwegs übergewichtigen Menschen begegneten, rümpfte er die Nase über die »Dicken«. Auch meine Mutter konnte sich keinen Kommentar verkneifen, wenn sie eine übergewichtige Frau in Leggings sah. »Warum muss man sich denn so unvorteilhaft kleiden, wenn man so aussieht?«, fragte sie dann.

Ich erinnerte mich noch gut daran, dass ich als kleines Kind nie verstanden hatte, was sie meinte. Für mich spielten damals nur die Gesichtszüge der Menschen eine Rolle, die mir dabei halfen, sie in die Kategorien freundlich oder bedrohlich einzuordnen.

Doch irgendwann hatte ich den Blickwinkel meiner Eltern übernommen. Inzwischen konnte ich keinen Menschen mehr ansehen, ohne dass mein Gehirn binnen Sekunden alles abscannte und mir Sätze wie »Die hat sich aber gehen lassen« oder »Der hat wohl ein paar Bier zu viel getrunken« zuraunte. Ich nahm mir vor, auch in dieser Hinsicht die Festplatte in meinem Kopf umzuprogrammieren.

Ich griff zur Waffel, um noch einmal genussvoll hineinzubeißen, doch in diesem Moment spürte ich, dass mein Verlangen nach Süßem kaum noch vorhanden war. Ich betrachtete die Waffel. »Sie nicht aufzuessen, wäre viel zu schade«, versuchte mich mein Kopf zum Weiteressen zu animieren. Ich biss hinein. Sie schmeckte immer noch lecker, aber der Genuss von eben kam nicht mehr auf. Ich legte die Waffel auf den Teller und betrachtete sie skeptisch. Sollte ich sie noch aufessen? »Lebensmittel wirft man nicht weg. Und Essen im Restaurant ist teuer. Das lässt man nicht liegen«, argumentierte mein Kopf. »Durchschaut«, dachte ich und musste grinsen. Ich wusste genau, wer hier gerade zu mir sprach. Wenn ich die Augen schloss, konnte ich die Sätze wahlweise in der Stimme meines Vaters oder meiner Oma hören. »Okay, ihr habt recht«, sagte ich innerlich. »Aber das heißt noch lange nicht, dass ich die Waffel *jetzt* aufessen muss.« Zugegeben, sie schmeckte frisch am besten. Aber trotzdem wäre sie morgen als süßer Snack immer noch lecker. Ich nahm die Serviette, die neben meinem Teller lag, wickelte die halbe Waffel darin ein und steckte sie in meine Handtasche.

Ab sofort würde es keine Diäten und Essvorschriften mehr geben: kein Low Carb, Null Fett, Schlank im Schlaf, Intervallfasten et cetera. All das hatte mich nicht weitergebracht. Im Gegenteil: Es hatte mich gestresst und unzufrieden gemacht, mir die Freude am Essen genommen und mir jede Menge Lebensqualität geraubt. Nun war Schluss damit. Denn die größte Form von Wahnsinn war es, immer wieder das Gleiche zu tun und trotzdem zu hoffen, dass sich etwas änderte.

Mir war bewusst geworden, dass mein Essverhalten in den letzten Jahren alles andere als gesund und ausgewogen gewesen war. Oft verzichtete ich morgens auf das

Frühstück, um dann mittags mit Heißhunger viel zu große Portionen zu essen. Und sehr häufig aß ich, ohne darüber nachzudenken. Im Büro und auch zu Hause griff ich oft zu Dingen, die offen herumlagen. Hier einen Keks, dort ein Stück Schokolade, so sammelte sich im Laufe des Tages eine ganze Menge an.

Das sollte nun anders werden: Ich wollte mir morgens schon einen Teller mit gesunden Snacks bereitstellen – mit Möhren, Gurken, Trauben, Erdbeeren, Nüssen – allem, was ich gerne aß und was gerade Saison hatte, und im Laufe des Tages immer wieder zugreifen, wenn ich das Bedürfnis hatte, etwas zu knabbern. Für unterwegs würde ich mir eine Snackbox, ebenfalls mit Obst und Gemüse, machen, damit ich keine Heißhungerattacken mehr bekam. Ich wollte essen, wenn ich Hunger hatte, und aufhören, wenn ich satt war. Zudem nahm ich mir vor, mich jedes Mal zum Essen hinzusetzen und bewusst zu kauen und zu schmecken. Kein schnelles Snacken mehr vor dem Computer oder während ich durch die Fußgängerzone lief. Süßes war erlaubt. Aber nicht schnell zwischendurch, sondern während einer kleinen Pause, als echter Genuss. So wie in diesem Moment im Strandkorb. Wenn ich Heißhunger auf Süßes hatte, wollte ich mir zunächst meiner Gefühle bewusst werden und mich fragen, ob ich wirklich etwas zu essen brauchte oder vielleicht eher eine liebevolle Umarmung von Jochen oder den Rat einer Freundin. Und wenn es tatsächlich Schokolade sein

musste, dann würde ich sie mir gönnen, ohne mich später dafür zu verurteilen. Alles sollte erlaubt sein, zu jeder Tages- und Nachtzeit, entsprechend meiner Bedürfnisse. Und meine Waage würde ich aus dem Bad verbannen. Ab sofort sollten nicht mehr die Kilos darüber entscheiden, ob ich mich in meinem Körper wohlfühlte.

Ich winkte der Kellnerin mit dem pinken Bob zu. »Ich würde gerne zahlen«, sagte ich beschwingt, als sie zu mir kam.

※

Kurz darauf stand ich neben dem Strandkorb und überlegte, was ich mit dem verbliebenen Nachmittag anstellen sollte. Ich spürte einen unangenehmen Druck auf meinem Bauch. Eben im Strandkorb hatte ich die oberen Knöpfe der Hose mal wieder heimlich geöffnet, weil mein Bauch im Sitzen stark eingeengt wurde. Es war an der Zeit, auch in diesem Punkt etwas zu verändern.

Dreißig Minuten später stand ich vor dem Spiegel einer kleinen Boutique. Ich drehte mich nach links und rechts, betrachtete meine Taille, die Oberschenkel und sah über die Schulter auf meinen Po. »Na ja«, dachte ich. »Schlank sieht anders aus. Aber eine Katastrophe ist die neue Jeans auch nicht.« Meine Oberschenkel wirkten darin nicht mehr so prall wie in der zu engen Hose, und vor allem am Bund war sie deutlich angenehmer. »Steht

Ihnen gut«, sagte die Verkäuferin und lächelte freundlich. Es klang aufrichtig, nicht nach einer Floskel, mit der sie mir die Jeans aufzuschwatzen versuchte. »Aber wenn Sie wollen, zeig ich Ihnen noch was anderes.« Sie ging zu einem Regal, griff hinein und kam mit einer dunkelblauen Stoffhose zurück. Sie war im Karottenstil geschnitten, eine Form, die in meiner Jugend nur Spießer getragen hatten und die ich bisher niemals freiwillig angezogen hätte. Nach der 501 war ich auf eng anliegende Skinny Jeans umgestiegen und stets dabei geblieben. »Das ist eine Chino im Joggerstyle«, klärte mich die Verkäuferin auf. »Ich denke, die Form passt perfekt zu Ihrer schönen Vasenfigur.« Ich wollte schon dankend ablehnen, doch dann erinnerte ich mich an mein neues Motto: Einfach mal was anders machen. »Danke«, erwiderte ich daher und verschwand in der Kabine. Schon beim Reinschlüpfen fühlte sich der Stoff angenehm glatt an. Statt durch Knöpfe wurde der Bund durch einen Gummizug gehalten – was offenbar den Joggingstyle ausmachte. Er schmiegte sich angenehm um meine Taille, ohne zu drücken. Als ich mich im Spiegel betrachtete, war ich positiv überrascht. Irgendwie sah ich ungewohnt aus, aber keinesfalls spießig. Es war eher eine Mischung aus schick und sportlich. Die Hose floss locker um meine Oberschenkel und verjüngte sich nach unten, was meine schönen Waden – »ohne ein ABER«, dachte ich und musste schmunzeln – positiv betonte. Ich sah über die Schulter.

Auch mein Po zeichnete sich nicht so stark ab wie in meinen engen Jeans. Ich setzte mich auf den Hocker und der Gummibund weitete sich. Kein Quetschen, kein Drücken.

»Ich nehm sie«, sagte ich, als ich die Kabine verließ. »Haben Sie die Gleiche noch in einer anderen Farbe?«

*

Ausgestattet mit zwei neuen Hosen, die eine hatte ich direkt anbehalten, die andere trug ich in einer Papiertüte, flanierte ich noch ein wenig durch die Fußgängerzone. Wenn sich die Gelegenheit bot, betrachtete ich mich zwischendurch heimlich in der Spiegelung eines Schaufensters und freute mich über meine neue Errungenschaft.

Als ich an einem Schreibwarengeschäft vorbeikam, zog ein Postkartenständer vor der Tür meine Aufmerksamkeit auf sich. Ich drehte ihn und betrachtete die einzelnen Karten. Und dann sah ich sie. Die Karte war ganz schlicht. Schwarze Schrift auf weißem Untergrund. Darauf stand:

»DIE REINSTE FORM DES WAHNSINNS IST ES, ALLES BEIM ALTEN ZU BELASSEN UND GLEICHZEITIG ZU HOFFEN, DASS SICH ETWAS ÄNDERT.«
(ALBERT EINSTEIN)

Schon wieder so ein verrückter Zufall. Oder war es vielleicht gar keiner? Ich nahm die Karte aus dem Ständer und sah mich im Laden noch ein wenig länger um. In einem Regal entdeckte ich etwas versteckt ein rotes, in Leder eingebundenes Notizbuch. Es gefiel mir auf Anhieb. Ich strich mit der Hand über den Einband. Dann öffnete ich es und betrachtete die vielen leeren Seiten.

*

Als ich wenige Zeit später mein Pensionszimmer betrat und das Handy zur Hand nahm, das ich an diesem Tag bewusst auf dem kleinen runden Tisch zurückgelassen hatte, sah ich, dass Jonas angerufen hatte. Mein Herz machte einen kleinen Freudenhüpfer, doch gleichzeitig hatte ich ein komisches Gefühl im Bauch. Ob zu Hause alles in Ordnung war? Ich drückte sofort auf Anruf, hielt das Telefon ans Ohr und atmete tief ein. Nach vier Mal Klingeln meldete sich mein Sohn.

»Hey Mum«, sagte er und ich war mal wieder kurz irritiert über den dunklen Klang seiner Stimme. Da war nichts Hohes, Helles mehr und auch kein kratziges Kieksen wie zu Beginn der Pubertät. Wie sehr ich sein Kinderstimmchen manchmal noch vermisste.

»Hallo Jonas«, riss ich mich aus den sentimentalen Gedanken »Alles gut bei dir?«

»Jo«, kam es einsilbig zurück.

»Was machst du denn gerade?«, versuchte ich das Gespräch in Gang zu bringen.

»Bisschen chillen.«

»Triffst du heute noch ein paar Freunde?«

»Vielleicht.«

»Gabs sonst irgendwas Besonderes?«

»Nö.«

Langsam wurde ich ärgerlich. Warum hatte er angerufen, wenn er offenbar gar nicht mit mir reden wollte?

»Wie war dein Spiel gestern?«, startete ich einen neuen Versuch.

»Ziemlich cool.« Er räusperte sich. »Hab drei Tore geschossen.«

»Echt?«, fragte ich überrascht. Jonas war ein guter Stürmer, ohne Frage, aber drei Tore waren schon eine tolle Bilanz.

»Ja, wir haben gegen Feldkirchen gespielt. Die sind im Moment Tabellenerste und echt megastark«, legte er plötzlich los. »Kurz vorm Ende der ersten Halbzeit hat Max mir eine super Vorlage gegeben, die ich in einen Kopfball verwandelt habe …« Und dann sprach mein Sohn sage und schreibe fünf Minuten lang ohne Pause und schilderte mir das Spiel in allen Details. Während die Begeisterung nur so aus ihm heraussprudelte, musste ich lächeln. Ich konnte mir genau vorstellen, wie Jonas in diesem Moment aussah. Wie seine blauen Augen glänzten, wie er seine Stirn krauste, während er die dramatischen Momente schilderte, und wie er wild mit den Händen gestikulierte.

»… und dann hat Michael gesagt, aus mir könne echt was werden, wenn ich konsequent weitertrainiere«, schloss er seinen Bericht. Stolz schwang in seiner Stimme mit. Michael war Jonas' Trainer und mit Lob meist sehr sparsam. Diese Worte kamen einem Ritterschlag gleich.

»Das ist echt super«, sagte ich und spürte, wie wohlig warm es mir bei dem Gespräch geworden war. Da war er wieder, mein Jonas. Der Junge, der so voller Begeisterung erzählen konnte. Früher, bevor er zu einem wortkargen Teenager geworden war, hatte er mir stundenlang von allem berichtet, was er erlebt hatte oder was ihm durch den Kopf ging. Nach den Fußballspielen hatten wir uns meist mit einer Tasse Kakao an den Küchentisch gesetzt und dann hatte er mir alle wichtigen Spielzüge haarklein geschildert. Und offensichtlich war es ihm immer noch wichtig, diese Erlebnisse mit mir zu teilen.

»Okay, Mum, ich muss dann jetzt mal wieder«, kam es vom anderen Ende. Gerade wollte ich mich von ihm verabschieden, da fiel mein Blick auf die leere Flaschenpost auf dem kleinen runden Tisch. Die Botschaft war inzwischen in die Gesäßtasche meiner neuen Hose gewandert. Plötzlich kam mir eine Idee.

»Du Jonas, ich habe mal eine Frage.«

»Mhm«, brummte er.

»Angenommen, du weißt etwas über einen Freund

von dir. Aber er weiß nicht, dass du es weißt. Findest du, dass du es ihm sagen müsstest?«

Für einen Moment lang herrschte Stille, und ich ärgerte mich schon über meine Idee. Da hatte sich Jonas seit Langem mal geöffnet und nun machte ich alles kaputt, indem ich ihn mit komischen Fragen überfiel.

»Okay, krasse Frage«, antwortete er, ohne die geringste Spur von Genervtheit in der Stimme. »Also, wenn das jetzt Max wäre, dann käme es total darauf an, was ich über ihn weiß.« Er machte eine kurze Pause und schien nachzudenken. »Wenn es etwas wäre, das ihm schaden könnte, dann wäre es echt übel, wenn ich das für mich behalten würde. Dann müsste ich ihm das sagen, damit er was ändern kann. Sonst wäre das ja megaunfair. Aber wenn das, was ich weiß, Max nicht schadet und auch sonst für unsere Freundschaft keine wichtige Rolle spielt, dann wäre es total okay, wenn ich nix sage. Dann wäre ich trotzdem kein schlechter Freund.«

Bevor ich etwas erwidern konnte, vernahm ich ein Tuten in der Leitung. »Sorry Mum, Luca klopft gerade an. Da muss ich ran. Wünsch dir noch 'ne gute Zeit.« Und weg war er.

Ich blickte auf das Display und spürte, dass meine Augen feucht wurden. Dann setzte ich mich in den gemütlichen Korbsessel, ließ mich nach hinten sinken und atmete tief ein. »Wow, was für ein wunderbarer, großer Junge du geworden bist«, flüsterte ich und musste grinsen. »Du musst eine echt tolle Mutter haben«, sagte ich laut.

*

Immer noch mit einem warmen Gefühl im Bauch, griff ich in meine Einkaufstüte, holte das rote Büchlein, die Postkarte, einen schönen schwarzen Füller sowie einen Klebstift heraus und legte alles vor mich auf den Tisch. Dann öffnete ich das Buch und klebte die Postkarte mittig auf die erste Seite. Anschließend nahm ich den Füller und schrieb in meiner schönsten Handschrift »Tagebuch« darüber.

9. Tag
STERNE IN DER DUNKELHEIT

»Noch ein paar Meter«, sagte Lene. Ich spürte den unebenen sandigen Boden unter meinen Schuhen. Sehen konnte ich nichts, Lene hatte mir kurz zuvor, als wir den Strand erreicht hatten, einen Schal um die Augen gebunden.

»Was hast du vor?«, fragte ich sie verwundert.

»Warts ab«, antwortete sie lachend, während es – im wahrsten Sinne des Wortes – schwarz vor meinen Augen wurde.

Schon seit ein paar Minuten führte Lene mich nun am Arm und ich hatte mich inzwischen ein kleines bisschen daran gewöhnt, mich blind vorwärtszubewegen. Nach einer Weile ging es sachte bergauf und kurz darauf wechselte der Untergrund von Sand zu Asphalt. Ich hörte gedämpfte Musik, einen Rhythmus, den ich kannte.

»Vorsicht, Stufe«, vernahm ich Lene. Dann bemerkte ich, dass sie an etwas zog. Im gleichen Moment spürte ich, wie die Luft sich veränderte, wärmer und stickiger wurde.

Das Lied, das ich eben nur leise vernommen hatte, schwoll an und mischte sich mit dem Gewirr aus vielen unterschiedlichen Stimmen. Wo waren wir bloß?

»Et voilà.« Lene nahm mir die Augenbinde ab. Wir befanden uns in einem großen Raum, der überwiegend aus Glas bestand. Er gab den Blick frei auf die dunkle Dünenlandschaft um uns herum, auf die einsame Promenade und das dahinterliegende Meer. Über uns leuchteten die ersten Sterne. Der Raum war rund und an den Glasfronten standen Tische, Stühle und Bänke, die zum größten Teil besetzt waren. Auf allen Tischen brannten Kerzen, die den Raum in schummriges Licht tauchten. Über unseren Köpfen hingen bunte Lampions. Im Raum verteilt waren mehrere Stehtische, um die ein paar Leute in kleinen Grüppchen standen und miteinander plauderten. Das ein oder andere Gesicht kam mir bekannt vor, doch die meisten hatte ich noch nie gesehen. In der Mitte des Raumes befand sich eine große Tanzfläche, auf der drei Frauen um die dreißig hingebungsvoll ihre Hüften schwangen.

»Herzlichen Glückwunsch zum Geburtstag.« Lene strahlte mich an.

»Wo sind wir?«, fragte ich irritiert.

»Auf der legendären After-Work-Party in der Bar Fatale. Ich dachte, das wäre genau das Richtige für heute.« Lene zog ihre Jeansjacke aus und hängte sie sich über den Arm.

»Aber ich bin doch gar nicht passend angezogen«,

stammelte ich und sah an meinem schlichten weißen T-Shirt und der neuen Stoffhose hinunter.

»Du siehst perfekt aus!« Lene ergriff meinen Arm und zog mich Richtung Bar. »Komm mit, ich will dir jemanden vorstellen.«

»Hey Rudi!«, rief sie dann und winkte dem grauhaarigen Mann hinter der Theke zu. »Machst du uns zwei Piña Colada?«

»Lene, mein Herz, für dich doch immer.« Der Mann namens Rudi griff zu verschiedenen Flaschen, goss etwas davon in einen Shaker aus Chrom, schüttelte ihn kräftig und füllte dann seinen Inhalt in zwei geschwungene Gläser, die er mit einer Ananasspalte verzierte.

»Alles Gute zum Geburtstag, Frau Kollegin«, sagte er zu mir gewandt und zwinkerte mir verschwörerisch zu, während er uns die Gläser überreichte. »Wenn du Lust hast, kannst du gleich auch mal hinter die Theke kommen und was für euch beide mixen.«

»Oh, wie toll«, ich spürte, dass ich vor Freude errötete. »Das wollte ich schon lange mal wieder!«

»Hab da was läuten hören.« Rudi grinste. »Wollt ihr auch schon etwas essen?«

»Lust auf Nudelsalat?«, fragte Lene.

»Wirklich?«, erwiderte ich ungläubig.

Lene lachte. »Es geht doch nichts über gute Beziehungen.« Dann hob sie ihr Glas. »Auf dich, meine Liebe«, sagte sie und sah mir tief in die Augen.

»Und auf dich«, antwortete ich mit belegter Stimme. Ich trank einen Schluck, dann stellte ich mein Glas auf die Theke und schloss Lene fest in meine Arme. »Danke für alles.«

*

»So, jetzt wird getanzt«, entschied Lene eine große Portion Nudelsalat und einen weiteren Cocktail später.

»Ich weiß nicht …«, wollte ich schon abwehren. Doch dann besann ich mich eines Besseren. Dieser Geburtstag sollte anders werden als die vergangenen. Und die zukünftigen auch. Plötzlich kam mir eine Idee. »Einen Moment noch …«, sagte ich. Dann steuerte ich auf einen strubbligen jungen Kerl mit Dreitagebart zu, der hinter einem Mischpult stand. Ich beugte mich vor und fragte ihn etwas. Er scrollte durch seinen Laptop, dann nickte er und hob den rechten Daumen in die Höhe.

»Hast du dir was gewünscht?«, fragte mich Lene, als ich wieder neben ihr stand.

»Wer weiß?«, erwiderte ich grinsend.

Kurz darauf endete das aktuelle Lied.

»Irgendwann schmeiß ich mein Handy ins Meer …« tönte es danach aus den Boxen. Als der Refrain »Irgendwann ist jetzt« durch den Raum schallte, war ich bereits mitten auf der Tanzfläche.

»Ich weiß nicht, wann ich mich das letzte Mal so gut gefühlt habe«, sagte ich zu Lene, als wir ein paar Stunden später verschwitzt und zerzaust im Sand saßen und auf das schwarze Meer hinausblickten. Ich hatte zwei Stunden lang durchgetanzt und nur kurze Pausen eingelegt, um einen Schluck Wasser zu trinken oder einen neuen Drink zu mixen. Anfangs waren meine Tanzbewegungen noch eckig und ungelenk gewesen. Ich hatte mich mehrfach bei dem Gedanken ertappt, dass ich wahrscheinlich peinlich aussah. Doch irgendwann – vielleicht war es dem Alkohol oder den Endorphinen zu verdanken – war es mir gelungen loszulassen. Ich hatte getanzt wie eine ausgelassene Teenagerin, mein Haar fliegen lassen, Akkorde auf der Luftgitarre mitgespielt, war gesprungen und gehüpft, bis ich nicht mehr konnte. »Kleine Pause?«, hatte Lene, die ebenfalls außer Atem war, gefragt. Und so waren wir, mit einem Cocktail in der Hand, raus an den Strand gegangen.

»Ich kann es gar nicht glauben«, sagte ich, während ich

den feinen Sand durch meine Finger rieseln ließ. »Als ich hier ankam, wusste ich gar nicht mehr wirklich, wer ich bin, und jetzt habe ich auf einmal so viele Ideen, was ich alles verändern möchte. Ich weiß nicht, ob ich auch alles umsetzen werde, aber schon allein die Tatsache, dass ich darüber nachdenke, ist ein riesiger Fortschritt.«

Plötzlich kam mir schon wieder eine Idee. Ich stand auf und klopfte mir den Sand von der Hose. Dann zwinkerte ich Lene zu. »Wie wäre es mit einer Vorstellungsrunde? Soll ich dir erzählen, wer ich bin?«

»Unbedingt«, antwortete Lene und zwinkerte zurück. »Ich bin gespannt.«

»Also«, begann ich, räusperte mich kurz und sprach dann weiter. »Ich bin eine Frau, die heute 45 Jahre alt geworden ist und die in den letzten Jahren sehr mit dem Älterwerden gehadert hat. Die aber verstanden hat, dass es sinnlose Zeitverschwendung ist, sich über Dinge, die man nicht ändern kann, zu ärgern, und die lernen möchte, ihr Alter anzunehmen.

Ich bin eine Frau, die seit ihrer Jugend mit ihrem Gewicht und ihrem Körper unzufrieden war und die in den letzten Tagen sehr viel über ihr Essverhalten und die Ursachen ihrer Gewichtsprobleme nachgedacht hat. Und die beschlossen hat, nun neue Wege zu gehen und andere Dinge auszuprobieren. Denn sie will nicht mehr so verrückt sein, immer wieder das Gleiche zu tun und gleichzeitig darauf zu hoffen, dass sich etwas ändert.

Ich bin eine Frau, die nie gerne Sport gemacht hat, weil sie nie den Spaß dabei im Fokus hatte, sondern immer nur mithilfe des Sports abnehmen wollte, und die jetzt schon zwei Mal zehn Minuten lang joggen war und sich supergut dabei gefühlt hat. Und die sich jetzt sogar vorstellen könnte, auf einen Halbmarathon zu trainieren. Nicht um abzunehmen, sondern um zu sehen, welches Potenzial in ihr steckt.

Ich bin eine Frau, die schon seit vielen Jahren glücklich verheiratet ist und tief verletzt war, als sie erfuhr, dass ihr Mann fremdgegangen ist, weil sie dachte, es sei ihre Schuld gewesen. Und die jetzt begriffen hat, dass es vielleicht gar nichts mit ihr, sondern vielmehr mit den Problemen ihres Mannes zu tun hatte. Und die diesen Teil der Vergangenheit endlich hinter sich lassen möchte, um nach vorne gehen zu können, da im Heute nur noch eines zählt: dass beide sich lieben und zusammen sein wollen.

Ich bin eine Frau, die zwei wunderbare Kinder geboren und großgezogen hat und bis vor wenigen Tagen das Gefühl hatte, nicht mehr gebraucht zu werden. Die aber jetzt wahnsinnig stolz darauf ist, dass ihre Kinder schon so gut im Leben zurechtkommen, weil sie offensichtlich eine gute Mutter war und ist und ihren Kindern ein gutes Urvertrauen und das nötige Handwerkszeug mit auf den Weg gegeben hat, damit sie in der Welt da draußen bestehen können.

Und ich bin eine Frau, die in den letzten Jahren eine große Leere empfunden hat, weil sie sich nicht mehr aus ihrer Komfortzone gewagt hat, und die jetzt ihrem Leben wieder mehr Sinn geben möchte.«

»Wow, das klingt großartig!« Lene applaudierte begeistert.

Lachend verbeugte ich mich wie auf einer Theaterbühne und setzte mich dann wieder zu Lene in den Sand.

»Und hast du schon Ideen, wie du das mit dem Sinn anstellen willst?«, fragte sie neugierig.

»Ja, gestern Morgen kam mir beim Duschen eine Idee.«

»Erzähl«, bat Lene und trank einen Schluck mit ihrem Glastrinkhalm.

»Du weißt ja, dass ich Kinder total liebe. Und da habe ich mich gefragt, ob es mich nicht vielleicht auch erfüllen könnte, für fremde Kinder da zu sein. Da draußen gibt es so viele, die aus schwierigen Verhältnissen kommen und die sich bestimmt darüber freuen würden, wenn es einen Menschen gäbe, der sich für sie interessiert und um sie kümmert.«

»Da sagst du was«, pflichtete Lene mir bei.

»Ich habe mich auch gefragt, was ich diesen Kindern geben könnte und auf welche Art und Weise ich gerne helfen würde.« Ich trank ebenfalls einen Schluck, dann sprach ich weiter. »Ich selbst habe als Kind sehr gerne gelesen. Für mich war das oft eine Art Flucht, wenn ich traurig war oder mich einsam gefühlt habe. Die Bücher waren mein sicherer Ort, an dem ich mich wohl und geborgen fühlte und meine Sorgen für eine Zeit lang vergessen konnte. Solch einen Ort möchte ich gerne anderen Kindern schenken. Vielleicht könnte ich mich einem Verein anschließen, der Flüchtlingskinder oder Kinder aus sozial schwachen Familien dabei unterstützt, lesen und schreiben zu lernen.«

»Eine tolle Idee.« Lene nickte anerkennend.

»Ja, ich bin auch Feuer und Flamme, seit ich mich damit beschäftige. Ich habe schon viel im Internet gesurft und sehr interessante Organisationen gefunden.«

Lene sah mich an und lächelte.

»Und vielleicht …« Ich stockte. Würde Lene mich für verrückt erklären, wenn ich ihr von dieser Idee erzählte? Aber dann betrachtete ich die verschwitzte rothaarige Frau neben mir, die eben noch laut in ein imaginäres Mikro den Refrain von »Nur geträumt« gegrölt hatte, und musste über mich selbst lachen. Wenn einer offen für diese Ideen war, dann Lene.

»Ich habe auch mal gegoogelt, ob man mit 45 noch Hebamme werden kann«, fuhr ich fort.

»Und?« Lenes Augen blitzten.

»Sieht gut aus«, erwiderte ich grinsend.

Lene legte ihren Arm um meine Schulter und drückte mich kurz. »Das ist schön«, sagte sie leise.

»Und da ist noch was.«

»Mhm?«, brummte sie.

»Ich will in ein Flugzeug steigen und weit, weit wegfliegen. Ohne festen Plan und mit Rucksack auf dem Rücken. Dafür fehlt mir allerdings noch etwas Entscheidendes.«

»Was denn?« Lene sah mich neugierig an.

»Du«, antwortete ich lachend. »Du weißt ja, Jochen ist nicht der Typ für solche Reisen. Der will lieber 14 Tage ins Hotel und auf den Liegestuhl. Und meine Kinder möchten auch nicht mit ihrer Mutter als Backpacker durch die Welt tingeln. Aber das heißt ja nicht, dass ich weiterhin darauf verzichten muss.«

Lehne strahlte über das ganze Gesicht. »Ich bin dabei!« Sie strich ihr zerzaustes Haar nach hinten. »Mir wird langsam kalt, wollen wir wieder rein?«

Meine Hand wanderte zu meiner Gesäßtasche. Dort

steckte immer noch die Botschaft. Irgendwie hatte sich nie die richtige Gelegenheit ergeben. Sollte ich vielleicht jetzt …?

»Du, Lene«, setzte ich an.

»Ja?«

Lene drehte sich zu mir um und unsere Blicke trafen sich. In diesem Moment kannte ich die Antwort. Ich wusste, wo Lene ihr Glück gefunden hatte, wo ich meins finden würde und wo jeder Mensch seinem Glück begegnen konnte.

Bei sich selbst.

»Ich glaub, ich muss dir noch was erzählen …«

»Soll ich dich heimbringen?«, fragte Lene, nachdem wir die Party verlassen hatten.

»Danke, das ist lieb«, erwiderte ich. »Aber ich laufe gerne noch ein paar Meter allein. Die Nacht ist so wunderschön …«

»Das kann ich gut verstehen.« Lene lächelte.

»Bis bald«, sagte ich und schloss meine Arme um die Frau, die mir in den letzten Tagen so sehr ans Herz gewachsen war. Ich drückte sie fest an mich und Lene erwiderte die Umarmung. Ihr Körper war angenehm warm und weich und duftete dezent nach etwas, das mich an Zitronenmelisse erinnerte.

»Wir hören uns«, sagte sie, als wir uns wieder voneinander lösten, und machte mit der rechten Hand eine Geste, als würde sie sich einen Telefonhörer ans Ohr halten.

»Unbedingt!« antwortete ich und ging ein paar Schritte. Dann wandte ich mich noch einmal um und winkte. »Tschüss!«

»Tschüss!« Lene winkte eifrig zurück.

»Hey«, rief Lene, als ich mich bereits ein paar Meter entfernt hatte. Ich blieb stehen und drehte mich erneut zu ihr um.

»Denk immer daran: die Sterne, die heute Abend am Himmel stehen, werden auch in Zukunft für dich leuchten«, rief sie. Dann winkte sie mir noch ein letztes Mal zu, drehte sich um und ging in die entgegengesetzte Richtung.

Ich sah ihr noch eine Weile nach, dann setzte auch ich meinen Weg fort. Ich genoss das Gefühl, barfuß durch den feinkörnigen Sand zu laufen, der bei jedem Schritt ein kleines bisschen unter meinen Füßen wegsackte. Morgen würde ich wieder heimfahren. »Wer hätte gedacht, dass sich in den wenigen Tagen hier so viel verändert. In meinem Kopf und in meinem Herzen«, überlegte ich.

Ich ging zum Meer und blickte zum Horizont. Kleine, schwarze Wellen rollten gemächlich auf mich zu. Über mir glänzten unzählige Sterne. Was hatte Lene noch mal gesagt, als wir gemeinsam schwimmen waren und sie mir von der Lebenswippe erzählt hatte?

»Wenn ich ganz unten bin und nach oben schaue, sehe ich zwar den schwarzen Himmel, aber auch die Sterne, die mir entgegenleuchten. Sie erinnern mich daran, was ich über mich und das Leben gelernt habe, und zeigen mir, dass es auch in der dunkelsten Stunde noch Licht gibt. An ihnen kann ich mich orientieren, um wieder in Balance zu kommen.«

Während ich darüber nachdachte, was ich auf dieser Insel über mich und das Leben gelernt hatte, fiel mir auf, dass ein paar Sterne über mir besonders hell leuchteten. »Eins, zwei, drei … sechs«, begann ich zu zählen. Und plötzlich wurde mir etwas bewusst: es gab sechs Dinge, die mir mein Glück zurückgebracht hatten und die mir auch in Zukunft dabei helfen würden, alle Krisen zu meistern.

»Danke«, sagte ich in Richtung Himmel.

10. Tag

LEUCHTEN

Ich blinzelte, öffnete die Augen, sah helle Lichtpunkte durch das Rollo fallen. Mein letzter Morgen. Nur noch wenige Stunden, dann würde ich auf die Fähre steigen, um in meinen Alltag zurückzukehren. »Heute geb ich alles«, dachte ich und spürte, wie ein Lächeln über mein Gesicht huschte. Dann begann ich mich im Bett zu räkeln, streckte die Arme aus, ballte die Hände zu Fäusten und lockerte sie wieder, zog die Knie an, umschlang sie mit den Armen und wiegte mich hin und her. »Päckchen« hatten wir diese Übung beim Pilates immer genannt. Ich bemerkte, wie mein unterer Rücken, dort, wo mein Iliosakralgelenk häufig blockierte, angenehm von der Matratze massiert wurde. Dann warf ich die Decke schwungvoll zurück, drehte mich zur Seite und setzte mich rückenfreundlich auf. Ich ging zum Fenster, griff zum Rollladengurt und ließ mit jedem Zug ein bisschen mehr Morgenlicht in den Raum fluten. Als das Rollo ganz oben war, öffnete ich das Fenster. Ein Schwall Luft umfasste mich. Noch frisch, aber mild genug, um zu erahnen, dass wieder ein herrlicher Spätsommertag auf mich wartete. Ich sah über die roten Ziegeldächer hinweg und konnte weit hinten eine kleine blaue Lücke ausmachen. Das Meer. Der Himmel präsentierte sich in sanftem Babyblau. Nur ein paar weiße Schlieren waren darauf zu sehen, die so wirkten, als hätte ein Maler eilig mit einem breiten Pinsel ein paar schwungvolle Striche gemalt. Ich schloss die Augen und atmete tief ein. Meine Lungen füllten sich mit Luft, die frisch und sauber roch. Ich stellte mir vor, wie sich kleine Sauerstoffkügelchen auf meine Blutplättchen setzten und dann, wie auf einem kleinen Bötchen, eine Reise durch meine Adern und Venen antraten und meinen ganzen Körper mit Energie versorgten. Ich vernahm den Schrei einer Möwe. Schmeckte Salz auf meiner Zunge. Spürte die sanften Strahlen der Morgensonne auf meinen Wangen. Dann öffnete ich die Augen, atmete noch einmal tief ein und überlegte: »Was könnte ich jetzt noch machen, um meinen Kreislauf so richtig in Schwung zu bringen? … Kniebeugen!«, schoss es mir durch den Kopf. Und ich musste schon wieder grinsen, als ich mir die Gesichter meiner Familie vorstellte, wenn sie mich morgens beim Kniebeugen machen erwischen würde. Während ich mit nach vorn ausgestreckten Armen in die Hocke ging und mich wieder aufrichtete, merkte ich, dass es gar nicht so leicht war, dabei nicht ins Straucheln zu geraten. »Umso besser«, dachte ich, »scheint auch noch eine Gleichgewichtsübung zu sein«. Von Mal zu Mal spürte ich, wie sich die Muskeln in meinen Oberschenkeln mehr anspannten. Bei der neunten Kniebeuge keuchte ich, bei der fünfzehnten hörte ich laut japsend auf. Meine Oberschenkel brannten, mein Herz schlug fest gegen meine Brust und ich spürte einen leichten Schwindel in meinem Kopf. Aber ich war wahnsinnig stolz. Ich hatte etwas für mich getan. Nicht um abzunehmen, sondern einfach nur, um besser in den Tag zu starten. Ich überlegte, was ich noch tun konnte. Dann rieb ich mir mit den glatten Handflächen fest über das Gesicht. Massierte meine Wangen, meine Stirn, Kinn und Hals. Spürte, wie das Blut zirkulierte und die Haut unter meinen Händen warm wurde. Zum Schluss klatschte ich noch ein paar Mal sanft mit beiden Händen gegen meine Wangen. Dabei fiel mein Blick auf die halb volle Wasserflasche neben meinem Bett. Ich schnappte sie mir und leerte sie mit ein paar kräftigen Zügen. Nun war ich bereit. Ich zog die Mundwinkel hoch, spürte das Lächeln, das mein ganzes Gesicht erfasste und trat im Bad vor den Spiegel. Das Ergebnis war erstaunlich. Die Frau, die mir dort entgegenblickte, war eine völlig andere, als die vom ersten Morgen auf dieser Insel. Auch diese Frau war eindeutig nicht mehr jung. Auch sie hatte Falten. Trotzdem hatte sich etwas verändert. Es waren die Augen, ihr Ausdruck. Am ersten Morgen waren sie müde und stumpf gewesen. Nun blitzte etwas darin. Die Frau im Spiegel sah so aus, als hätte jemand ein Licht in ihr angeknipst. Als würde sie von innen heraus leuchten. Plötzlich erfasste ein warmes Gefühl meinen ganzen Körper und wanderte bis zu meinem Herzen. Mein Lächeln wurde noch breiter, das Strahlen in den Augen eine Nuance heller. »Ich mag dich«, sagte ich zu der Frau im Spiegel. Und es fühlte sich zum allerersten Mal ein kleines bisschen wahr an. Dann schloss ich die Augen, beugte mich nach vorne und gab meinem Spiegelbild einen sanften Kuss.

EIN JAHR SPÄTER

Ich betrachte eine kleine Welle, die über meine Füße schwappt. Das Wasser ist eiskalt und meine Füße sind fast taub. Der Himmel ist grau und konturlos. Der einzige Farbklecks sind die Möwen, die kreischend über meinem Kopf kreisen und sich um ein Brötchen zanken, das eine von ihnen im Schnabel hält. Ich halte eine kleine Glasflasche in meiner Hand, die mit einem Korken verschlossen ist. Darin befinden sich sechs weiße Papiersterne. Auf jedem steht eine kleine Botschaft:

☆ LOSLASSEN   ☆ SINN FINDEN

☆ ANNEHMEN   ☆ DANKBAR SEIN

☆ NEUES WAGEN   ☆ MICH SELBST LIEBEN

Es sind meine sechs GLÜCKSSTERNE, die mich seit einem Jahr täglich begleiten und mein Leben so viel schöner und reicher gemacht haben. Ich hole aus und werfe. Mit einem Platsch landet die Flasche im Wasser. Sie wippt auf den Wellen, sodass die Sterne darin auf- und abtanzen. Ein kleiner rotbrauner Hund flitzt ins Wasser, gefolgt von einem großen schwarzen. »Chili, Lolle! Aus!«, rufe ich. »Das ist kein Stöckchen für euch. Lasst die Flasche im Wasser.« Lolle kommt auf mich zu, schnuppert an meinem Knie und leckt dann liebevoll an meiner rechten Hand. Als sie vor sechs Monaten zu uns kam, war sie extrem scheu. Kauerte die meiste Zeit des Tages mit eingeklemmtem Schwanz unter unserem Sofa. Wahrscheinlich hat sie in ihrem ersten Lebensjahr auf der Straße in Rumänien Schlimmes erlebt. Doch nach und nach fasste sie Vertrauen und ist inzwischen ein echtes Familienmitglied geworden. Mittags, wenn ich von meinen Kursen heimkomme, begrüßt sie mich stürmisch und weicht danach nicht mehr von meiner Seite. Sie geht mit mir joggen, und nach dem Abendessen drehen Jochen und ich oft noch mit ihr gemeinsam eine große Runde, Paar-Zeit, die wir beide sehr genießen.

Ein feiner Nieselregen setzt ein. Heute ist ein Tag für die Couch. Für heißen Tee oder warmen Kakao. Für Füße hochlegen, kuscheln, Familienspiele spielen. Gemeinsam lachen, in Erinnerungen schwelgen, Fotobücher anschauen oder den nächsten Urlaub planen. »Oder«, denke ich und drehe mich um, »für einen Spaziergang mit einer lieben Freundin.«

»Und, was steht in der Flaschenpost?«, fragt Lene, als ich wieder am Strand neben ihr stehe, und hakt sich bei mir unter.

»Geheim«, antworte ich und zwinkere ihr zu.

»Das ist unfair.« Lene knufft mich empört in die Seite »Jetzt sag schon!«

»Fang mich doch, vielleicht verrate ich es dir dann.« Lachend laufe ich los, gefolgt von einem kleinen braunen Hund und einem großen schwarzen.

DANKSAGUNG

Dies ist mein drittes Buch. Die ersten beiden schrieben sich fast von selbst, flossen geradezu aus mir heraus. Doch diesmal war alles anders. Die Idee zu diesem Buch kam mir, bevor das zweite fertig war. Ich hatte auf einmal eine Insel vor Augen, sah eine Flaschenpost, und in meinem Kopf entstanden erste Ideen. Ich wusste, dass ich ein Buch über das Thema Selbstliebe und Glück schreiben wollte, und freute mich schon auf die neue Aufgabe. Aber erst musste noch ›Die Berge, der Nebel, die Liebe und ich‹ fertig werden.

Dann, im Dezember 2020, kam der zweite Lockdown. Die Weihnachtsferien meiner Kinder begannen ein paar Tage früher, und ich ahnte schon in diesem Moment, dass wir eine sehr lange Zeit gemeinsam zu Hause verbringen würden. Den ersten Lockdown 2020 hatten wir gut überstanden, die Monate danach waren auch okay gewesen, aber nach und nach begann mich die Situation immer mehr zu belasten. Um vernünftig und solidarisch zu sein, hatte ich mich und meine Kinder weitestgehend isoliert. Damit waren auch meine Kraftquellen im Alltag auf ein Minimum reduziert. Freunde treffen, Ausflüge machen, meine Eltern sehen, ein Restaurant besuchen – all das fand nicht mehr statt. Und mit dem erneuten Lockdown schwand auch meine letzte Kraftquelle dahin. Alleine sein. Zeit für mich haben. In Ruhe arbeiten zu können. Und damit versiegte auch meine Kreativität. Es gelang mir noch, im Februar 2021 den Anfang zu schreiben, doch das wars. Der erste wichtige Dialog wollte mir einfach nicht gelingen. Im Mai war ich regelrecht verzweifelt. Monatelang war ich mit meinen Kindern zu Hause gewesen, hatte sie unterrichtet, mich um den Haushalt gekümmert und nicht eine Zeile geschrieben. Mein Mann – der immer nur am Wochenende zu Hause ist – nahm sich eine Woche frei, ich zog mich in ein winziges Häuschen in der Eifel zurück, um in Ruhe arbeiten zu können. Doch leider musste ich feststellen, dass auch das nicht half. Denn anders als die Jahre zuvor war es nicht Ruhe, die ich brauchte. Es war genau das Gegenteil. Es war das Leben, nach dem ich mich sehnte. Menschen, ein Cafébesuch, eine Planwagenfahrt mit meinen Freundinnen, wild tanzen auf einer Geburtstagsparty, ein Einkaufsbummel in der Fußgängerzone. Dann kam endlich die erste Impfung. Und die zweite. Und ein Sommer, in dem ich mir mit vorsichtigen Schritten das Leben zurückeroberte. Doch die Schreibkrise blieb. Mein Buch entstand nicht wie sonst chronologisch, sondern wie ein Puzzle. Ab und zu blitzte die Kreativität auf, und eine neue Szene kam dazu. Mal eine, die nach hinten gehörte, mal eine aus der Mitte. Nicht jedes Mal passten sie zu dem, was ich schon geschrieben hatte. Und es gab immer wieder Momente, in denen ich dieses Buch komplett infrage stellte.

Ich habe versucht, in dieser Zeit gut zu mir zu sein, wie zu einer Freundin. Mir keine Vorwürfe zu machen, nachsichtig mit mir zu sein. Habe mir immer wieder gesagt: »Du musst dieses Buch nicht schreiben. Es ist okay, wenn du es nicht schaffst. Du musst nichts leisten, um wertvoll zu sein.«

Und ich habe mir auch verziehen, dass ich mich mit Schokolade und Chips getröstet habe, an manchen Tagen eine ungerechte Mutter war, meinen Freundinnen die Ohren vollgejammert habe und einfach mal nicht stark war.

Warum ich doch nicht aufgegeben habe? Weil ich dieses Buch, meine Ich-Erzählerin und Lene vom ersten Moment an geliebt habe. Ich konnte und wollte sie nicht loslassen. Ich wollte diese Geschichte erzählen und mit euch teilen. Die zwei Frauen in diesem Buch haben mich immer wieder aufgemuntert, mir Kraft gegeben, mich an die Hand genommen. Und so haben wir drei es am Ende geschafft, gemeinsam die Lebensfreude wiederzuentdecken.

Dafür möchte ich heute Danke sagen. Zunächst einmal dem Leben selbst, für diese wertvolle Erfahrung, die mich mal wieder hat reifen und wachsen lassen. Ich möchte sie nicht missen, denn sie hat mich erst zu einer richtigen Autorin gemacht. Einer, die jetzt auch Schreibkrisen kennt und die weiß, dass auch in den dunklen Stunden ihre Kreativität nicht verloren geht.

Danken möchte ich auch den Menschen, die mich durch diese Zeit getragen haben. Meiner Familie und meinen Freudinnen. Ganz besonders meiner Freundin Meike Werkmeister, die mir auch als Kollegin zur Seite stand und mir immer wieder in verzweifelten Momenten dabei geholfen hat, meinen roten Faden wiederzufinden.

Und natürlich danke ich auch meiner Agentur und meinem Verlag, die geduldig auf mein Manuskript gewartet haben, das erst ein paar Monate später fertig wurde, als ich es ursprünglich angekündigt hatte.

Zuletzt möchte ich noch Till Raether und Alena Schröder für ihren großartigen AutorInnen-Podcast »sexy und bodenständig« danken. Danke, dass ihr uns KollegInnen auf diese unfassbar ehrliche Art und Weise an all euren Schreibleiden teilhaben lasst. Es war gut, in dieser Krise nicht alleine zu sein.

Zwei Wochen ist es jetzt her, dass ich mein Manuskript abgegeben habe, und ich freue mich darauf, meine Ich-Erzählerin und Lene Schritt für Schritt in die Welt hinaus zu begleiten.

Und ich hoffe sehr, schon bald wieder in mein neues

Projekt vertieft zu sein. Die Idee für mein viertes Buch ist bereits geboren, die erste Szene vor ein paar Monaten ganz spontan aus mir herausgesprudelt. Allerding weiß ich noch nicht wirklich, wie es weitergehen wird. Ich kenne bisher nur das Thema, das mir wieder sehr am Herzen liegt.

Euch wünsche ich eine gute Zeit. Und denkt immer daran:

Wenn ihr auf der Wippe des Lebens mal wieder ganz unten seid und nach oben schaut, seht ihr zwar den schwarzen Himmel, aber auch die sechs Glückssterne, die euch entgegenleuchten. Sie zeigen euch, dass es auch in der dunkelsten Stunde noch Licht gibt. An ihnen könnt ihr euch orientieren, um wieder in Balance zu kommen.

Alles Liebe

Eure Tessa

Lebensnah, inspirierend, mutmachend

SPIEGEL Bestseller

Tessa Randau

DER WALD, VIER FRAGEN, DAS LEBEN UND ICH

Von einer Begegnung, die alles veränderte

dtv

ALLE LIEFERBAREN TITEL, INFORMATIONEN UND SPECIALS
FINDEN SIE ONLINE

Auch als eBook		www.dtv.de	**dtv**

Über das Geheimnis der Liebe

ALLE LIEFERBAREN TITEL, INFORMATIONEN UND SPECIALS
FINDEN SIE ONLINE

Auch als eBook	www.dtv.de **dtv**

Der neue Bestseller von John Strelecky

JOHN STRELECKY
Überraschung im Café am Rande der Welt
Eine Erzählung vom Suchen und Finden

SPIEGEL Bestseller

dtv

ALLE LIEFERBAREN TITEL, INFORMATIONEN UND SPECIALS FINDEN SIE ONLINE

www.dtv.de **dtv**